Emidio Tribulato

"Ti ODIO!"

- Conflitto, aggressività e violenza tra i sessi -

Edito da: Lulu.com
ISBN: 978-0-244-84059-4
Anno 2019

Indice

PREMESSA

Che tra esseri umani e soprattutto tra sessi diversi, vi possano essere opinioni, pensieri e comportamenti differenti e a volte contrastanti, non è strano, né ci dovrebbe stupire. Come non dovrebbe essere strano, né ci dovrebbe stupire, che tra le persone s'instaurino delle situazioni conflittuali su come affrontare o risolvere una determinata difficoltà o problema comune. Tuttavia, in questi casi ci si aspetta che, tra queste persone, non si manifestino comportamenti aggressivi o peggio, violenti.

Non vi è dubbio, infatti, che esistano e sono numerosissime, delle situazioni conflittuali nelle quali le nostre idee, le nostre scelte e decisioni sono nettamente contrarie a quelle degli altri. Nonostante ciò dovremmo lo stesso riuscire a mantenere con la controparte un rapporto aperto e dialogante, se non proprio perfettamente sereno e cordiale. In definitiva non dovrebbe essere difficile continuare a rispettare l'altro, pur essendo ognuno di noi portatore d'idee e pensieri diversi e contrastanti, giacché il rispetto dell'altro come persona, anche se non sono accettate e condivise le sue idee, le sue decisioni o i suoi comportamenti, è fondamentale per il buon vivere civile.

Se invece così non è, se i contrasti sul modo di pensare, operare o sulle scelte da effettuare o già effettuate, provocano risentimenti, frustrazioni ed emozioni intense, violente e tendenzialmente distruttive, come il risentimento, la rabbia e la collera, che possono, in alcuni casi, sfociare nell'odio e nel desiderio di vendetta e distruzione e, conseguentemente, in atti di violenza fisica o psicologica, qualcosa si è guastato, qualcosa di importante non ha funzionato correttamente, qualcosa è mancato.

Il risultato più grave del conflitto e della violenza tra i sessi è che l'intesa, l'aiuto, la vicinanza e il supporto reciproco, tra uomo e donna sono diventati rari e difficili, se non proprio impossibili, per tante coppie. Ai comportamenti accoglienti e positivi si sono sostituiti e imposti una serie di rapporti sempre più reattivi e negativi, inficiati di sospetto, acredine, rabbia e insofferenza reciproca; oppure, il che è abbastanza grave, di apparente distacco, freddezza e indifferenza.

Purtroppo dinanzi a queste realtà sia i giornali sia le tante tv, nonché gli altri mass media, raramente riescono ad approfondire e quindi a riconoscere la molteplicità e varietà delle problematiche, di per sé notevolmente complesse e articolate, che provocano tali emozioni e comportamenti.

Il motivo di queste semplificazioni è noto: gli utilizzatori dei mezzi d'informazione di massa, sono per lo più giudicati come persone molto pigre, che difficilmente riuscirebbero a scoprire e comprendere le numerose, sottili sfumature e variabili presenti in questa, come in tante altre problematiche importanti. Pertanto, pur di farsi leggere e ascoltare, i vari giornalisti e conduttori televisivi tendono a semplificare al massimo gli argomenti proposti al grande pubblico, trascurando e non approfondendo le cause più vere, reali e profonde di questo triste fenomeno.

Tali rudimentali messaggi inducono i lettori e gli ascoltatori a schematizzare al massimo, nella loro mente, questa realtà, così che le varie opinioni somigliano più a degli spot pubblicitari, che non a un sereno e approfondito esame. Tutto ciò, com'è prevedibile, rende impossibile riconoscere le vere cause e le possibili soluzioni.

D'altra parte il riuscire ad affrontare con obiettività e profondità questi argomenti non è semplice, poiché questi temi sollecitano immediatamente delle intense e spesso incontrollate e irrazionali emozioni, dovute non solo a traumatiche esperienze personali, ma anche a una serie di stereotipi, preconcetti, condizionamenti, luoghi comuni e pregiudizi che confondono e rendono difficile riuscire a scorgere, sia le vere cause, sia la reale portata di certi gravi contrasti tra i sessi.

Tutto ciò, tuttavia, non ci deve impedire di provare a farlo. Poiché se riusciremo ad approfondire e affrontare in maniera serena e razionale, i vari temi volti alla conoscenza, prevenzione e cura di tale aberrante fenomeno, ne trarranno sicuramente un immediato vantaggio non solo lo stuolo di donne e uomini coinvolti direttamente in gravi e deleteri scontri, ma anche i loro familiari e i tanti minori che, giornalmente, sono costretti ad assistere impotenti, spaventati e delusi, prima all'enorme tensione e violenza che esplode all'interno delle proprie famiglie e poi alla dissoluzione di esse. Tensione, violenza e dissoluzione che procurano l'assenza o messa in dubbio dei loro fondamentali e imprescindibili punti di riferimento.

Questo libro è pertanto un tentativo volto a superare le eccessive semplificazioni, ma anche l'emotività e i preconcetti, così da poter meglio comprendere le cause che hanno sconvolto, in questi ultimi decenni, le relazioni tra i sessi. Ciò al fine di modificare in senso positivo i meccanismi perversi che dividono uomini e donne, come fossero due razze aliene in competizione e in lotta tra loro e non invece due elementi fondamentali di un'unica splendida umanità, la cui intesa, collaborazione e amore reciproco, sono stati e sono alla base del benessere personale, familiare e sociale.

1

Il conflitto

Il conflitto è la situazione che si instaura tra idee, azioni e comportamenti contrastanti. Sotto certi aspetti è un'espressione funzionale, nel momento in cui tra persone è necessario un adattamento reciproco, a causa delle diverse idee e attese sull'organizzazione e sulla realizzazione dei fini essenziali che ogni individuo si propone di realizzare. Infatti, in condizioni favorevoli, certe tendenze competitive possono contrassegnare il passaggio al raggiungimento di nuovi livelli di unione e collaborazione. Pertanto il conflitto può rappresentare una forza creativa nello sviluppo della coppia o della famiglia oppure una forza disgregatrice. Può essere un elemento catalizzatore o paralizzante; può integrare l'esperienza umana o può disintegrarla; può dare un impulso allo sviluppo umano e all'adattamento, come può indurre l'arresto, la deformazione o entrambi (Ackerman, 1970, pp. 77-78). Tuttavia anche se litigare non vuol dire non amarsi e anche se a volte il litigare è liberatorio, il permanere di un comportamento litigioso è sicuramente indice di una patologia nel rapporto o di una patologia presente in una o in entrambe le persone che vivono questo conflittuale rapporto.

Nei disturbi coniugali, come in altre situazioni, i conflitti possono essere, in varia misura, palesi o nascosti, reali o irreali, consci o inconsci. Per di più, il conflitto tra i coniugi presenta una particolare relazione con la struttura del conflitto interno, presente in ognuno. Per tale motivo il conflitto coniugale può aggravare la natura reale di questo conflitto interiorizzato o può servire a occultarlo (Ackerman, 1968, p. 199).

Nella vita familiare il conflitto può avvenire a molti livelli. Vi può essere conflitto tra la famiglia e la comunità circostante: vicini di casa, comitati di quartiere, condomini, politici e amministrazioni locali. Oppure vi possono essere dei contrasti all'interno dello stesso nucleo familiare, tra alcuni componenti della famiglia e gli altri: il padre contro la madre e viceversa, i fratelli contro le sorelle, padre e madre contro i figli, i maschi contro le femmine della famiglia, o al contrario il padre e alcune figlie contro la madre e altri figli. Infine, come abbiamo detto sopra, il conflitto può essere presente all'interno della psiche dei vari componenti la famiglia (Ackerman, 1970, p.79).

Vi sono essenzialmente due tipi di conflitto: *uno aperto e uno coperto.* Nel primo (*conflitto aperto*) i due componenti esprimono direttamente e in modo esplicito il loro disaccordo e la loro ostilità sui problemi o sui comportamenti dell'altro, mentre. Invece nel *conflitto coperto* mancano le manifestazioni eclatanti. Questo, tuttavia, è presente e si attiva anche se in maniera poco visibile. La presenza dell'uno o dell'altro tipo di conflitto è legata alle caratteristiche di personalità dei soggetti coinvolti, ma anche al tipo di famiglia e società nelle quali la coppia vive e si relaziona.

In base all'evoluzione Ackerman (1970, p. 80) descrive altri tipi di conflitti: *risolto, compensato, attivo e scompensato.*

1. *Conflitto risolto.* Il conflitto è percepito in modo corretto e viene trovata rapidamente una soluzione razionale.
2. *Conflitto compensato.* Il conflitto è percepito in modo corretto, è contenuto, mentre si cerca una soluzione efficace, al momento non possibile.
3. *Conflitto scompensato.* Il conflitto è percepito male o in modo distorto. Le due persone non riescono a trovare un compromesso adeguato. Pertanto, non essendo contenuto in modo valido, il conflitto trabocca in comportamenti irrazionali. Inoltre, non essendo risolto, inevitabilmente porta alla progressiva disorganizzazione delle relazioni familiari.

Ackerman (1970, p. 80) ne descrive altre modalità quando afferma: "Il modo di entrare in conflitto e di sostenerlo può essere *appropriato o inappropriato*, per i problemi più importanti della famiglia. Può essere *razionale o irrazionale*, può avere un'importanza *centrale o periferica*, per la vita della famiglia: il conflitto può essere *tacito o aperto, conscio o inconscio, diffuso o circoscritto*; può essere *benigno o maligno, reversibile o irreversibile*".

Per quanto riguarda gli esiti dei conflitti, le conseguenze possono essere diverse:

- Ci può essere un irrigidimento dei ruoli.
- Un allentamento e un aumento delle distanze affettive.
- Un indebolimento della comunicazione o una distorsione di essa.
- Un ricorso ai diversivi e alla fuga.
- Un indulgere sui capri espiatori.
- Un lasciarsi andare ad atti e atteggiamenti aggressivi di *acting out.*
- È possibile che si sia trovato un compromesso irrazionale che abbia favorito una parte della famiglia mentre ne ha danneggiata un'altra (Ackerman, 1970, p. 81).

2

L'aggressività

L'aggressività è la tendenza, che può essere presente in ogni comportamento o in ogni fantasia, volta all'etero o all'autodistruzione, oppure all'autoaffermazione (Galimberti, 2006, Vol. 1, p. 35). Per Hacker (1971, p. 66): "Noi definiamo con la parola "aggressività" quella disposizione e quell'energia propria dell'uomo che si esprimono originariamente in attività e successivamente nelle più diverse forme individuali e collettive, socialmente acquisite e trasmesse, di autoaffermazione, forme che possono arrivare fino alla crudeltà".

Meazzini (2006, pp. 8-9) distingue il *comportamento aggressivo* nel quale vi è un'azione intenzionalmente orientata a produrre un danno di natura fisica o morale agli altri, *dall'intenzione aggressiva* che è uno stato d'animo al quale può anche non seguire alcun danno. Vi sono pertanto per quest'autore due concetti diversi in questo termine. In uno, che si collega alla definizione che si trova nella psicoanalisi e nella psichiatria, è presente il concetto di comportamenti aggressivi, a volte soltanto immaginati o fantasticati, mentre in altri casi sono attuate le idee di infliggere un danno o una lesione a se stessi o a un altro individuo.

Per Ajuriaguerra (1995, p. 9) il concetto di aggressività è da collegare anche all'etimologia latina *adgressus* - *adgredior* che significa andare avanti, andare verso, avvicinarsi in modo deciso, determinato. Quest'ulteriore significato indica l'affrontare con coraggio gli ostacoli e le disavventure che nella vita si frappongono ai nostri bisogni e desideri. Quante volte abbiamo sentito dai nostri genitori, specialmente dai nostri padri, frasi come queste: "Domani sarai interrogato, mi raccomando, affronta questa prova con grinta e determinazione". "Non avere paura del professore". "Sii forte e deciso nelle risposte che darai; i professori non amano le persone che balbettano ed espongono i concetti in modo timido e titubante". Anche per Ajuriaguerra l'aggressività, se non eccessiva, può essere considerata una forza dell'Io. Essa è una forza utile al bambino e all'adolescente i quali, se sono allevati al riparo da ogni frustrazione, mancheranno della grinta e dell'energia necessarie per affrontare le vicissitudini della vita (Ajuriaguerra, 1993, p. 474).

Ciò che unisce tutti questi significati è l'idea di competizione, è la ricerca di un predominio o il concetto di soggiogare chi viene percepito come rivale, nemico o contrasta una nostra aspirazione, un nostro bisogno e desiderio (Galimberti, 2006, Vol. 1, p. 35).

La genesi dell'aggressività

Le idee sulla nascita dell'aggressività sono diverse e, a volte, contrastanti.

Si discute se l'istinto aggressivo sia innato o appreso e se si accetta che sia appreso, ci si chiede che cosa e quali stimoli lo fanno emergere o lo provocano. Inoltre tra gli studiosi si dibatte ancora se sia un istinto fondamentalmente utile o dannoso.

Per S. Freud l'aggressività è un istinto innato ma distruttivo. Alla base dell'aggressività vi è l'istinto di morte: il *Thanatos*, che si trova in contrapposizione all'istinto vitale, l'*Eros*. Per il padre della psicoanalisi l'aggressività è generata continuamente proprio da quel particolare istinto, che si scarica con violenza e distruttività sugli oggetti esterni che ostacolano l'Io, ristabilendo in tal modo l'equilibrio interno dell'organismo. Per tali motivi l'aggressività è in relazione sia allo stato interno dell'organismo, sia all'intensità e alla qualità degli stimoli esterni che la provocano.

Ackerman (1968, p. 79) invece, vede l'aggressività in modo diverso: *"Non considero l'aggressività e le tendenze distruttive come l'espressione di un istinto di morte, ma piuttosto come un fuorviamento di un sano processo di adattamento, una difesa, un modo di controllare l'ambiente, di combattere la frustrazione e l'ansia e di asserire la propria identità in situazioni interpersonali".*

Anche per altri autori l'aggressività è un istinto innato ma psicologicamente utile. Ad esempio, per Slepoj (2005, p. 165) l'aggressività è un elemento psicologico rilevante, con molteplici scopi e funzioni. Nel suo aspetto costruttivo è, senza dubbio, uno strumento indispensabile alla difesa, all'intraprendenza e all'autoaffermazione, individuale e collettiva e consente l'esplorazione e la conquista, reale e immaginaria, permette il confronto con il limite, il pericolo e la paura che possono venire ridimensionati proprio dalla fiducia nelle proprie forze e nell'esperienza acquisita.

Per gli etologi come Lorenz (1997), l'aggressività è un istinto indispensabile per preservare la sopravvivenza degli uomini, come degli animali. Questi ultimi, mediante il meccanismo dell'aggressività e della difesa si cibano degli altri animali, difendono la prole, mettono in fuga gli avversari, combattono per la competizione sessuale e quindi per la riproduzione della specie. Lo stesso concetto è espresso dagli psicologi evoluzionisti per i quali il comportamento aggressivo può essere considerato un retaggio culturale arcaico che sin da epoche remote ha assolto un importante scopo adattativo.

Per altri autori invece, questo istinto è provocato dalle frustrazioni o da altri comportamenti limitativi, violenti o aggressivi che provengono dall'ambiente. Per cui le persone attaccano gli altri perché hanno acquisito reazioni aggressive attraverso esperienze passate; perché ricevono o si aspettano varie forme di ricompensa nel commettere tali azioni oppure sono istigate all'aggressione da particolari condizioni sociali o ambientali.

La teoria di Dollard, *et al.* (1939, p. 128), una delle prime teorie psicologiche sull'aggressività, vede come causa di questa una qualunque frustrazione, cioè una situazione psicologica nella quale il soggetto non riesce a raggiungere l'obiettivo che si era prefissato. L'aggressività può quindi essere legata a un'aspettativa non realizzata ed è tanto maggiore quanto più importante è la motivazione e l'investimento presente nel soggetto che è teso a raggiungere il suo scopo. L'impossibilità di soddisfare i propri bisogni produce un cumulo di energia che deve trovare necessariamente una via di scarico attraverso un comportamento aggressivo che può essere rivolto o verso la reale causa della frustrazione o su un bersaglio secondario che nulla ha a che fare con il mancato soddisfacimento dei propri bisogni, ma che consente all'energia accumulata di liberarsi.

Anche Ajuriaguerra (1993, p. 472), insiste sul ruolo della frustrazione nella genesi dell'aggressività. Pertanto l'aggressività per quest'autore dipenderebbe da privazioni o carenze che alterano le pulsioni costruttive. Dice infatti, questo autore: "Se vi sono fattori ereditari dell'aggressività, come mostrano le esperienze di selezione genetica, si sa anche che l'aggressività è fortemente influenzata dall'ambiente, sia attraverso l'apprendimento, sia attraverso la mancanza di afferenze".

Secondo il modello cognitivo-neo associazionista gli antecedenti delle condotte aggressive sono rintracciabili nei vissuti di rabbia correlati a situazioni di malessere provate dall'individuo. Bambini cresciuti in un ambiente violento e aggressivo possono reagire perpetuando questi comportamenti anche su altri oppure cercando di allontanarsi da questi. Pertanto, in alcuni casi si hanno reazioni di rabbia, aggressività e violenza, mentre in altri casi la reazione sarà di fuga. La prevalenza di una risposta o di un'altra è determinata dalla combinazione di fattori genetici, situazionali ma anche dagli apprendimenti.

Anche per Mereloo (1968, 457-462) l'aggressività umana non è innata, ma è il risultato della disorganizzazione degli impulsi dovuta a molteplici fattori interni ed esterni e alla mancanza di elementi culturali e di controllo. Egli considera l'aggressività come la risposta a frustrazioni quali la fame, la sete, la mancanza di affetto, di comunicazione con gli altri, di soddisfazione sessuale, di accoglimento.

Per Bonino (2005, p.14) l'aggressività nasce dall'incapacità di affrontare le situazioni di frustrazione in modo non aggressivo, alla presenza di un imperativo sociale che impone sempre il successo e la massima realizzazione dei propri desideri.

Per i comportamentisti qualsiasi comportamento umano sarebbe acquisito attraverso un processo di apprendimento. Pertanto i comportamenti aggressivi potrebbero essere rafforzati o repressi con un adeguato addestramento. Secondo quest'approccio la risposta aggressiva del soggetto può essere mantenuta come stile abituale d'interazione, nel momento in cui permette di raggiungere un obiettivo desiderato. In pratica, quando il comportamento aggressivo procura al soggetto una conseguenza che lo premia, questa situazione agisce da rinforzo. Pertanto molti comportamenti aggressivi sono rinforzati, più o meno consapevolmente, dall'ambiente di vita del soggetto. Se ad esempio, un bambino con il suo comportamento aggressivo verso il fratellino ha ottenuto il giocattolo di questi, impara che essere aggressivi premia chi si comporta in tal modo. Il comportamento aggressivo può inoltre essere rinforzato quando riesce a evitare una conseguenza sgradita. Così, ad esempio, se con la sua aggressività verbale il bambino ha ottenuto di non eseguire il compito richiesto dai suoi genitori, egli avrà appreso che questo comportamento è un'ottima strategia per evitare incarichi indesiderati.

Per Scott (1993, p. 471) il comportamento aggressivo è appreso e l'abitudine di attaccare non compare se non progressivamente nel corso della giovinezza dell'animale, quando questi fa le sue esperienze lottando per il cibo e scontrandosi con i giovani della sua età.

Per Hacker (1971, p. 88) l'aggressività può nascere dall'invasione dello spazio vitale e personale: *"Ogni individuo e ogni civiltà considerano uno spazio vitale personale, la cui invasione genera una sensazione di perdita di autonomia e della dignità, come una cosa sacrosanta e sacra, così come considerano santificatrice l'aggressione necessaria per la difesa della sua inviolabilità"*.

Per lo stesso autore (Hacker, 1971, p. 83*): "Per una sorta di costrizione biologica l'uomo tenderebbe al possesso nonché al massimo prestigio possibile. La conquista del rispetto dei suoi simili, acquisibile soltanto con la lotta violenta, sarebbe una necessità naturale, istintiva"*.

La funzione adattativa spiegherebbe i livelli elevati di aggressività presenti tra i maschi di varie specie animali nei quali è uno strumento per difendersi dagli attacchi, per intimidire gli altri maschi o le femmine rivali, al fine di evitare tradimenti sessuali, ma sarebbe anche un mezzo per acquisire risorse che si ritengono utili o indispensabili per sé o per la comunità nella quale il soggetto vive. Tuttavia, mentre negli animali il comportamento aggressivo si manifesta con condotte stereotipate e ripetitive, nell'uomo questo istinto può e dovrebbe essere modulato dai centri corticali superiori, che sono nettamente influenzati dai valori morali, sociali e religiosi.

Infine per Bollea (1985, p. 267): *"L'aggressività può dare comportamenti negativi e più tardi distruttivi, solo ed essenzialmente come reazione ad un conflitto esterno o interno, conflitto che, a seconda del periodo evolutivo in cui è sorto, fissa, in parte, anche per i periodi successivi la modalità dell'aggressività propria di quel periodo".*

Per concludere, anche se è difficile dire quanto "d'innato" e "quanto di reattivo e/o acquisito" possiamo riconoscere nel comportamento aggressivo dell'uomo e nonostante che sulla nascita e sulla funzione dell'aggressività non tutto sia chiaro, qualcosa tuttavia conosciamo:

- *Sappiamo che esiste.* Le guerre presenti costantemente in ogni periodo storico in molte parti del pianeta, le continue uccisioni, i ferimenti e gli altri segnali, anche se non sempre cruenti, dell'aggressività, presenti in ogni città, in ogni condominio come in tante famiglie, costellano la storia dell'umanità fin da Caino e Abele.
- *Sappiamo che è presente in ognuno di noi.* Chi non ha provato risentimento e appunto aggressività, quando qualcuno ci ha fatto volutamente del male fisico o morale, ci ha sottratto qualcosa che ci apparteneva o non ci ha dato quanto ci spettava?
- *Sappiamo che in vario modo è presente in tutte le persone che stanno accanto a noi,* tanto che possiamo tranquillamente affermare che buona parte delle sofferenze subite nella nostra vita sono state causate da per-

sone che hanno sfogato su di noi le loro emozioni negative.

- *Sappiamo che in varie forme è presente in tutte l'età.* Emozioni, pensieri e azioni aggressive sono presenti, fin dalla nascita e in tutti i periodi della nostra vita. Esistono nel bambino piccolo, ad esempio quando è rimproverato, punito o quando non accetta i "no" e le imposizioni degli adulti, anche dettate a fin di bene, come esistono nell'adolescente, nel giovane o nell'anziano.

- *Sappiamo che l'aggressività è legata molto all'educazione ricevuta ma anche ai profondi vissuti interiori, all'ambiente di vita e alle sofferenze subite soprattutto nell'infanzia.* Pertanto il nostro passato insieme all'ambiente nel quale abbiamo condotto le nostre esperienze condiziona pesantemente le motivazioni che portano a comportamenti aggressivi, la loro gravità e frequenza ma anche i modi scelti per esprimerla.

Aggressività fisiologica e patologica

In base alla gravità e alla modalità con la quale si manifesta possiamo distinguere *l'aggressività fisiologica* da quella *patologica*.

L'aggressività fisiologica è un'emozione, un pensiero o azione dannosa che si mette in atto quando vogliamo difendere dagli altri qualcosa che ci è caro, qualcosa che per noi è molto importante. Negli esseri umani l'aggressività fisiologica si attiva ogni volta che è necessario difendere il proprio corpo, i propri beni, la propria onorabilità, la propria famiglia, la nazione nella quale si vive, il proprio status sociale, il proprio lavoro o altri beni ritenuti essenziali o importanti, senza che si voglia o si possa affidare questa difesa ad altri o alla legge.

Questa difesa può attivarsi anche soltanto con una *modalità mentale ed emotiva*, per cui non è assolutamente detto che si traduca in un'azione violenta nei confronti degli altri. Molti animali ottengono lo scopo di difendere il proprio territorio, il cibo trovato o ancor più i propri cuccioli indifesi, utilizzando semplicemente dei comportamenti capaci di far capire agli intrusi la disponibilità alla difesa attiva. Allo stesso modo anche i genitori, con un'occhiataccia o con un tono di voce particolare, spesso minacciano di punire i figli quando questi non ubbidiscono o hanno un comportamento non opportuno. Lo stesso fanno i fratelli maggiori quando vogliono intimidire i fratellini prepotenti.

Si parla di aggressività patologica quando i pensieri o i comportamenti aggressivi sono sproporzionati, persistenti e si manifestano verso persone o animali che non ci hanno procurato alcun danno fisico o morale, né hanno cercato di impossessarsi dei nostri beni, né avevano alcuna intenzione di fare ciò. Nel caso dei genitori è aggressività patologica quella che si manifesta verso i figli con continui e ingiustificati rimproveri, minacce e punizioni o parole di discredito. In tutti questi casi tuttavia, come vedremo inseguito, qualcosa o qualcuno ha aggredito, tormentato e fatto soffrire il soggetto, animale o persona che sia, nel passato; pertanto è da considerarsi solo apparentemente immotivata quella collera, che è esplosa in seguito.

Aggressività patologica è anche quella rivolta verso se stessi (*aggressività autodiretta o centrifuga*). In questi casi la sua forza distruttiva si ripercuote e si dirige verso il proprio corpo: il soggetto si strappa i capelli, si morde le mani, si schiaffeggia il viso, si ferisce le braccia, le gambe o altre parti del corpo e, a volte arriva anche ad uccidersi.

Gli scopi dell'aggressività autodiretta o centrifuga, possono essere diversi:

- Comunicare nel modo più drammatico a chi ci sta vicino la presenza in noi di problematiche psicologiche rilevanti o l'intima sofferenza provata in quel momento o in quella fase della vita.
- Ci si autopunisce per sensi di colpa veri o presunti; per azioni, pensieri o comportamenti ritenuti gravemente ingiusti, sciocchi, inopportuni o sconsiderati. In questi casi il soggetto si colpevolizza, si auto-rimprovera, si auto-accusa, si fa del male e rischia di perdere in modo stabile la stima di sé, giacché non trova, o preferisce non trovare, un obiettivo esterno su cui orientare il proprio scontento, mentre aumentano i sintomi depressivi e i sentimenti d'inferiorità. Quando l'Io non riesce più a gestire questi conflitti, ne può soffrire il corpo, per cui si potranno manifestare alcune affezioni psicosomatiche, come la cefalea, la nausea, le gastroenteriti, il vomito ecc. In questi casi possono anche diminuire le difese immunitarie e, conseguentemente, è facilitata l'insorgenza delle malattie virali e batteriche.
- Altre volte il farsi del male, mediante il dolore fisico, serve a diminuire o distrarre l'attenzione del soggetto dalla sofferenza psicologica interiore vissuta in quel momento.

- Nei casi più drammatici, con la propria morte si vuole eliminare del tutto la sofferenza fisica o quella psicologica.

In tutti i casi di aggressività patologica, quanto più i pensieri o gli atti aggressivi sono immotivati, intensi, frequenti o distruttivi, tanto più il disturbo psicologico potrebbe essere importante e grave. Pertanto il soggetto che reagisce violentemente in maniera ingiustificata e, almeno apparentemente incomprensibile, sia verso gli altri sia verso se stesso, necessita di particolari attenzioni e cure adeguate.

Le manifestazioni dell'aggressività

L'astio e il rancore. Il rimuginare i torti e le offese subite per molto tempo porta al rancore e all'astio. In alcuni casi la persona offesa, derubata o in qualche modo ferita, non sa decidersi se attuare o no la vendetta, tuttavia non riesce lo stesso a perdonare l'offesa ricevuta, per cui la sofferenza per il torto subìto è continuamente autoalimentata. In questi casi il tempo trascorso serve solo a trovare il modo migliore e più efficace per attuare le ritorsioni più volte immaginate.

L'aggressività ostile. Al contrario, quando l'aggressività nasce da un'intensa emozione di disprezzo, odio, rivalsa o vendetta verso chi ci ha fatto del male e si manifesta a caldo si ha l'aggressività ostile. La maggior parte degli omicidi rientra nella categoria dell'aggressività ostile. Circa la metà di questi avviene a causa di liti, il resto per motivi passionali, per uso/abuso di alcool e narcotici. La natura emotiva di tali omicidi ci fa capire come la scelta della pena di morte ancora presente in molte nazioni, non sia uno strumento efficace di dissuasione dal commettere tali reati.

L'impotenza. Un altro percorso dell'aggressività può portare all'impotenza. In questi casi il soggetto non riesce a reagire all'offesa o danno subito, per cui tende a deprimersi e chiudersi in se stesso, manifestando un comportamento apatico e stanco. Nello stesso tempo può lamentare mal di testa, inappetenza e stanchezza. Pertanto la sua aggressività si nasconde dietro i lamenti, le lagne e lo scoraggiamento.

Aggressività sublimata. La sublimazione dell'aggressività permette la trasformazione dell'energia aggressiva in energia neutra a disposizione dell'Io (Ajuriaguerra, 1993, p. 474).

Le funzioni dell'aggressività

L'aggressività, a seconda dei vari scopi, può essere:

Predatoria o strumentale. Questa viene attuata al fine di ottenere dagli altri qualcosa che potrebbe esserci utile o servirci. Essa nasce con lo scopo di sopraffare l'altro per raggiungere determinati scopi e obiettivi: religiosi, politici, sessuali, economici, terroristici o di conquista. Pertanto questo tipo di aggressività è orientata a risolvere un problema od ottenere un vantaggio. Per tali motivi è premeditata e non è condizionata dalla rabbia.

Competitiva. Questa si attua nei confronti degli altri esseri umani o anche nei confronti degli animali o verso elementi naturali che ostacolano i nostri bisogni o desideri. Ad esempio, bruciare o distruggere le foreste per piantare dei cereali oppure allontanare gli animali e gli indigeni che abitano un territorio ricco di minerali preziosi, per poi poterli sfruttare.

Difensiva o reattiva. Si attua quando mettiamo in atto un comportamento o un atteggiamento aggressivo nel momento in cui gli altri pretendono, richiedono o potrebbe ledere qualcosa che ci appartiene, qualcosa che potrebbe essere utile per noi, per i nostri cari o la comunità alla quale apparteniamo: un oggetto, un amore, una casa, un ruolo e così via. Questo tipo di aggressività è frequentemente associato a sentimenti di rabbia e alla perdita del controllo emozionale.

Territoriale. L'aggressività si manifesta per difendere la comunità della quale facciamo parte oppure un territorio nel quale viviamo e dal quale ricaviamo il nostro sostentamento.

Apparente. È quella che si attua quando si fa soffrire o si fa del male fisico o morale a qualcuno per gioco, senza volerlo o senza esserne consapevoli. Aggressività apparente è quella molto spesso presente nelle zuffe tra fratelli o nelle lotte attuate tra maschietti nei cortili o sui lettoni dei genitori. Questi comportamenti spesso hanno semplicemente degli intenti di tipo ludico oppure servono a dimostrare e mettere a confronto la propria forza, la propria agilità, la potenza virile o il proprio coraggio. Aggressività apparente è anche quella presente nei bambini, quando questi rompono un giocattolo per capire com'è fatto o per capire il suo funzionamento. È sempre aggressività apparente quella presente nei bambini o nei soggetti disabili quando, in maniera maldestra, in un eccesso d'amore stringono eccessivamente un pulcino o un animaletto, fino a fargli male o quando utilizzano questi per giocare, scoprire, conoscere e capire come sono fatti, senza tuttavia avere la consapevolezza di procurare, alle loro povere vittime, dolore, danno o perfino la morte Anche noi adulti non siamo esenti dai gesti di aggressività apparente quando facciamo del male fisico o morale ad altre persone per disattenzione, noncuranza, sbadataggine o per eccessiva imprudenza, senza tuttavia provare alcun sentimento negativo nei confronti delle vittime.

Tutti i tipi di comportamenti aggressivi sia negli animali che negli uomini non sono presenti nella stessa misura e, in base all'età, al sesso e alle esperienze avute, differiscono anche tra individui della stessa specie.

L'aggressività nei vari periodi della vita

Come abbiamo detto, l'aggressività può essere presente in ogni periodo della nostra vita. *"Fin dalla più tenera età il bambino è in grado di manifestare il suo dispiacere e ancor prima la sua collera: effettivamente esiste un continuum tra le reazioni alla mancanza ed alla frustrazione e la manifestazione di rivendicazioni più o meno aggressive nei confronti di chi gli sta attorno. (Ajuriaguerra e De Marcelli, 1986, p.183).*

Tuttavia sappiamo che i motivi che la scatenano sono diversi, così come sono diverse le modalità con la quale si manifesta. L'età è importante nella gestione dei conflitti. Dalle ricerche emerge che i soggetti più giovani ottengono punteggi più bassi rispetto ai più "maturi". Ciò fa supporre che le competenze legate alla capacità di gestire i conflitti possano essere influenzate, anche a livello neurobiologico, dalle reti neurali delle aree cerebrali prefrontali che si completano dopo i vent'anni (Barberi, 2016, p. 39). Queste aree, ricordiamolo, sono implicate nella pianificazione dei comportamenti cognitivi complessi e nella moderazione della condotta sociale.

Nel lattante l'aggressività nasce soprattutto quando le sequenze abituali non sono rispettate, e i genitori non comprendendo o non rispondendo prontamente ai bisogni del loro piccolo, non si adoperano verso di lui nei modi e nei tempi soliti e a lui più congeniali; oppure quando il piccolo dalle parole, dallo sguardo, dal modo con il quale viene manipolato dai genitori, avverte di non essere un figlio compreso, accettato e amato. In questi casi egli manifesta il suo disappunto stringendo i pugni, rifiutando il cibo, sputando o mordendo il capezzolo.

Nel bambino di due- tre anni la rabbia e la collera possono nascere quando il bambino si sente eccessivamente frenato, contrastato, frustrato nei suoi bisogni e desideri. Ad esempio, quando è frequentemente ostacolato nella sua necessità di movimento; quando è bloccato nei suoi giochi o nelle necessità che egli ha e che sono insiti nei suoi bisogni di crescita, di scoprire il mondo e gli oggetti che lo circondano; oppure quando è limitato o bloccato mentre vorrebbe esercitare e manifestare a se stesso o agli altri le sue capacità, la sua forza, la sua bravura. In questi e in tanti altri casi l'aggressività assolve il compito di far capire ai genitori il suo bisogno di acquisire forza, agilità ma anche maggiore libertà e autonomia. Altre volte, invece, l'aggressività nasce dal bisogno del bambino di punire pesantemente i suoi genitori che si sono allontanati da lui per un tempo eccessivo, lasciandolo preda dell'insicurezza e delle paure. In altri casi ancora i comportamenti irritati possono avere lo scopo di far comprendere agli adulti i suoi bisogni di ascolto, coccole e carezze.

Le manifestazioni dell'aggressività del bambino possono essere molto varie: alcuni piccoli gridano, pestano i piedi, tentano di colpire gli adulti con pugni e calci o cercano di morderli; altri invece preferiscono scaricare la propria rabbia sugli oggetti che hanno in mano, distruggendoli, oppure rifiutano il cibo, espellono in modo incontrollato le feci e le urine, sputano per terra. In altri momenti possono soltanto limitarsi a guardare con risentimento e astio le persone che li ostacolano. Solo i bambini più grandicelli riescono a esprimere il loro risentimento mediante parole di accusa.

Il bambino che ha una notevole aggressività interiore, come può essere un bambino autistico o molto disturbato, spesso alterna manifestazioni aggressive e di caos a comportamenti nei quali manifesta il bisogno di ordinare e ricomporre.

Verso i quattro anni il bambino, se sufficientemente maturo per l'età, esprime la sua aggressività verbalmente, mediante le sue fantasie, i suoi giochi e non più con i gesti.

Nell'età scolare le crisi di collera sono spesso dovute alle difficoltà che il bambino ha di ben relazionarsi con i coetanei, con gli insegnanti, ma anche con gli apprendimenti e i tanti doveri che le attività scolastiche gli impongono: fare i compiti, restare seduti e attenti nei banchi per molto, troppo tempo, affrontare lo stress delle interrogazioni, essere continuamente valutati, giudicati e così via. Inoltre, sempre a quest'età, il bambino riconosce facilmente i dissapori familiari ma, non riuscendo a porvi rimedio, si arrabbia a volte verso l'uno o l'altro genitore, colpevoli di creargli ansie, insicurezze e paure. In questi casi può rivolgere la rabbia anche verso se stesso, poiché per qualche motivo si ritiene responsabile dei loro contrasti o si giudica incapace di porvi rimedio.

Anche nel bambino, come nell'adulto troviamo *forme aggressive immediate, forme differite e forme socializzate*

(Ajuriaguerra, 1993, p. 479). Le manifestazioni dell'aggressività infantile, nonostante siano più intense ed eclatanti di quelle degli adulti, sono per fortuna anche più fugaci. Spesso il bambino che non presenta importanti problematiche psicologiche, dopo aver gridato e pestato i piedi o aggredito con calci e pugni la madre e il padre, subito dopo, con facilità, tornerà a rifugiarsi nelle loro braccia, manifestando intensi sentimenti d'affetto e d'amore.

Nell'adolescenza l'aggressività può nascere da varie cause. Uno dei più frequenti motivi è dato dall'insicurezza che l'adolescente prova nel confrontarsi con gli altri coetanei. Insicurezza non solo sulle qualità del suo corpo, ma anche sulle personali doti intellettive, fisiche o morali, nonché sulle sue capacità seduttive nei confronti dell'altro sesso. Altri motivi di comportamenti e sentimenti aggressivi sono legati al bisogno che questi ha di affermare la propria autonomia, nei confronti dei propri genitori e degli adulti in genere. Per fortuna, frequentemente queste particolari emozioni aggressive degli adolescenti sono canalizzate nelle attività sportive o nelle competizioni scolastiche. L'adolescente rivolge le sue crisi di rabbia e collera non solo verso i genitori, dai quali pensa di non essere capito nei suoi bisogni di autonomia e di libertà, ma anche verso i compagni, quando non si sente rispettato e verso gli amici, quando si accorge di essere da loro tradito. Poiché comprende che, facendo del male fisico agli altri, la punizione potrebbe essere molto grave, spesso preferisce rivolgere la sua aggressività verso gli oggetti: rompe i piatti, dà calci ai mobili, sbatte le porte.

L'aggressività dell'adulto nasce, come vedremo, da molteplici fattori e si manifesta soprattutto sul piano verbale ma, a volte, sono purtroppo evidenti ed eclatanti anche le manifestazioni sul piano fisico.

L'aggressività nell'anziano. Conflitti e comportamenti aggressivi sono presenti anche a un'età avanzata. Nella donna sono causa di ansia, stress e facile irritabilità, le importanti variazioni ormonali, presenti nella menopausa, ma anche e soprattutto l'accorgersi con timore della presenza nel corpo di vari segni d'invecchiamento: rughe, macchie sulla pelle, tessuto poco elastico, maggiore adiposità e altri inestetismi. Se psicologicamente l'aspetto estetico procura nell'uomo meno ansia, egli è invece maggiormente colpito e preoccupato a causa delle maggiori difficoltà che può presentare nel campo sessuale e lavorativo. In entrambi i sessi, durante questo periodo, si può accentuare l'insoddisfazione, a causa di un bilancio negativo della propria vita, che stimola a cercare di recuperare il tempo perduto. Pertanto entrambi i sessi nelle moderne società tendono a lasciarsi andare a nuove avventure e a nuovi rapporti amorosi e sessuali, con conseguente crisi e rottura dei legami precedenti.

L'aggressività nei due sessi

Uomini e donne vivono l'aggressività per cause e motivazioni diverse. Inoltre anche la gestione e le manifestazioni legate all'aggressività sono almeno in parte collegate al genere sessuale.

Le reazioni alle frustrazioni. Queste sono diverse in base alla personale sensibilità e ai propri vissuti interiori ma sono anche diverse rispetto alle maggiori o minori aspettative presenti nei due sessi. Le donne risentono maggiormente delle frustrazioni quando queste sono legate agli aspetti sentimentali della relazione e alla cura ed educazione dei figli, mentre gli uomini soffrono maggiormente delle frustrazioni vissute nel campo sociale, lavorativo e sessuale.

La variabilità ormonale. Un maggiore o minore atteggiamento irritante e aggressivo è collegato, in entrambi i sessi, alla *variabilità ormonale.* Poiché questa variabilità è maggiore e più evidente nel sesso femminile, a causa della presenza del ciclo mestruale, un maggiore atteggiamento e comportamento irritabile e aggressivo è presente nelle donne nel periodo pre-mestruale, mentre al contrario una maggiore accettazione e una migliore gestione degli impulsi irritanti e bellicosi è presente nel periodo preovulatorio e ovulatorio.

Le espressioni dell'aggressività. L'osservazione di bambini in situazione di gioco spontaneo permette di verificare come i maschi prediligano forme di gioco e d'interazione con un più alto contenuto aggressivo (Slepoj, 2005, p. 137). Nonostante che, in entrambi i sessi, con l'aumento dell'età e con la maturità, vi sia una netta diminuzione dell'uso delle manifestazioni fisiche dell'aggressività, quando queste sono presenti si manifestano maggiormente nei maschi. Inoltre questi ultimi, quando sono particolarmente arrabbiati, per difendersi o offendere, più che le parole, tendono a utilizzare il proprio corpo, mediante calci pugni, spintoni, sputi, schiaffi o, nei casi estremi, possono far uso di vere e proprie armi cruente.

Nelle femmine, la minore forza fisica ma anche l'inferiore quantità di testosterone presente in circolo, le stimola a utilizzare, per difendersi e attaccare, strumenti non di tipo corporeo. Le donne pertanto, se irritate o provocate, per aggredire e far del male, preferiscono affidarsi al linguaggio verbale, mediante frasi ingiuriose; oppure fanno ricorso ai ricatti morali, rifiutando il dialogo o le manifestazioni affettive e sessuali. A questi comportamenti possono aggiungersi, nei casi più gravi, anche l'allontanamento fisico e l'esclusione dell'altro dalla propria casa, dalla propria vita, dai figli e dal gruppo familiare o amicale, ma anche la messa in atto di una serie di strumenti legali e morali atti ad arrecare il maggior danno psicologico, economico e sociale alla persona verso la quale avvertono aggressività e rancore.

Quando in casi estremi, per fortuna rari, le donne sono decise a far del male fisico o anche uccidere il loro partner, il loro persecutore o nemico, preferiscono utilizzare strumenti non cruenti, come il veleno. In altri casi, pur di eliminare fisicamente la persona odiata, cercano il sostegno di altri uomini come il padre, i fratelli, l'amante o il nuovo compagno.

Un'altra diversità fondamentale riguarda *la comunicazione ad altre persone o all'autorità giudiziaria* delle violenze subite, per chiedere una punizione, un aiuto o un risarcimento. Mentre i maschi hanno una notevole resistenza a comunicare, confessare e ammettere di essere stati aggrediti o molestati dalle donne, perché temono che ne esca compromessa la loro immagine di uomini forti e virili; le donne, al contrario, nel momento in cui subiscono una qualunque aggressione o molestia, molto più facilmente avvertono, a volte anche a distanza di anni, il bisogno di far rilevare ogni comportamento e atteggiamento violento o molesto subito, pur di vendicarsi, farsi compatire o cercare protezione e accoglienza nel cuore degli altri.

Per quando riguarda *le persone che subiscono l'aggressività*, mentre la violenza fisica dei maschi si esprime soprattutto verso gli altri maschi adulti e le donne, l'aggressività fisica femminile si manifesta soprattutto verso i figli piccoli o altri minori che, per le loro caratteristiche, sono per lo più incapaci di una difesa attiva.

Le espressioni dell'aggressività
L'aggressività può essere espressa in vari modi.

Aggressività indiretta
In questi casi la persona da colpire viene attaccata in modo obliquo. Per recarle del male si usa la maldicenza, la calunnia, l'ironia, le insinuazioni e le critiche denigratorie con lo scopo di porre quella in cattiva luce, sminuendone le qualità o cercando di colpevolizzarla.

Spostamento dell'aggressività
Non sempre le manifestazioni aggressive sono indirizzate contro la o le persone che le hanno provocate. Vi sono delle persone che è molto difficile odiare e tantomeno aggredire, giacché questo comportamento potrebbe generare dei conflitti interiori, dei sensi di colpa molto intensi oppure un danno personale o sociale. Pertanto l'aggressività viene trasferita su un bersaglio più sicuro e socialmente accettabile. In questi casi non potendo o sapendo reagire adeguatamente, si finisce con lo sfogare la rabbia non sul reale oggetto che l'ha provocata, ad esempio i genitori, il capufficio o la persona importante che non si ha il coraggio o non è conveniente affrontare, ma su un

obiettivo meno temibile e più facilmente raggiungibile, che fa da capro espiatorio.

Quest'obiettivo può essere di volta in volta il proprio marito o la propria moglie, i figli, gli insegnanti o le persone di diverso colore, lingua, etnia: gli stranieri, gli emigranti, i rom ecc. Anche gli oggetti e gli animali possono subire le conseguenze dell'aggressività dislogata. Per tale motivo il maltrattamento degli animali può spesso far prevedere in un futuro anche episodi di violenza nei confronti delle persone (Bèque, 2014, p.89). Per Hacker (1971, p. 147): "L'aggressività che non si osa manifestare nei confronti del più forte viene sfogata contro il più debole. Si urla con i figli perché si è presa una sfuriata dal capufficio senza aver avuto il coraggio di rispondergli per le rime".

Rimozione dell'aggressività

L'aggressività può essere rimossa nell'inconscio da parte del super Io per evitare conflitto con l'ambiente. Tuttavia l'eccesso di aggressività rimossa a livello inconscio può generare, a sua volta, angoscia che tende a sfogarsi e scaricarsi in maniera esplosiva e regressiva (Hacker (1971, p. 147). E ancora lo stesso autore (Hacker, 1971, p. 148):

"Il controllo voluto dell'aggressività che si ottiene manipolando l'angoscia con punizioni e minacce può, attraverso l'angoscia e per causa sua, diventare motivo e causa dell'aggressività. L'angoscia porta alla rimozione; la rimozione eccessiva produce l'angoscia incontrollata che si manifesta con l'apatia, con l'aggressività esplosiva, con una combinazione di letargo e ansia o con continui risentimenti e sintomi nevrotici"…. "A seconda delle circostanze, dunque,

l'angoscia causa o controlla l'aggressività, la inibisce o la scarica".

La dissociazione dell'aggressività

Un'altra forma di reazione aggressiva è la dissociazione descritta da Freud. In questi casi, una parte della personalità nascosta nega che l'evento aggressivo sia veramente accaduto, mentre, contemporaneamente, un'altra parte della personalità continuerà a crederci.

La rabbia e la collera

In entrambi i sessi, le manifestazioni più clamorose dell'aggressività si evidenziano mediante la *rabbia e la collera*. Per quanto riguarda la distinzione tra rabbia e collera, la prima è un'emozione, mentre la collera è il comportamento conseguente a questa emozione. Pertanto si prova rabbia e si agisce in modo collerico. Quando giudichiamo assolutamente inaccettabile il comportamento durevolmente prevaricatore, frustrante o aggressivo degli altri nei nostri confronti, l'istinto di sopravvivenza fa attivare delle intense emozioni rabbiose che esplodono in manifestazioni improvvise, travolgenti ed eclatanti di collera.

La rabbia mobilita tutte le energie fisiche necessarie a difendersi, minacciare e colpire chi si ritiene nemico o avversario. In questi casi il corpo è posto in una posizione di difesa e di offesa, teso e pronto a scattare e a scatenare una lotta per eliminare o rendere innocuo l'avversario. Per ottenere ciò, durante tutto il tempo della reazione emotiva, sono stimolate le ghiandole che portano alla produzione degli ormoni adrenalinici e noradrenalinici, i quali provocano un aumento della pressione arteriosa e della frequenza cardiaca. In tal modo tutto l'organismo è pronto a far fronte alla straordinaria e improvvisa richiesta energetica.

Questa reazione primordiale si manifesta visibilmente con dei cambiamenti nel volto, nella postura, nel tono e nell'intensità della voce. In questi casi il viso, a volte rosso, in altri casi chiaramente paonazzo, è sconvolto dalla tipica espressione rabbiosa: la bocca, i denti e le mani, stretti per l'aumento della tensione muscolare, sono pronti ad aggredire, mordere o colpire la persona o le persone che si ritengono avversari minacciosi. Anche gli occhi iniettati di sangue comunicano a chi ci sta di fronte biasimo e desiderio di repressione e violenza, così da fargli capire di essere pronti ad attaccare. Picozzi (2012, p. 29) così la descrive: *"Il soggetto che la prova si presenta con sopracciglia abbassate e ravvicinate, rughe verticali, sguardo fisso, palpebre superiori abbassate, labbra strette e con gli angoli diritti o abbassati, muscolatura tesa, pugni serrati".*

La rabbia è più intensa quando si attribuisce all'altro la volontà di ferire, quando si ha la sensazione che la persona che ci fa stare male commetta un sopruso o una mancanza di riguardo nei nostri confronti.

Nella reazione collerica sia del bambino sia degli adulti, è presente spesso una cieca irrazionalità. Questa spinge a comportamenti che difficilmente sarebbero stati attuati in una situazione di tranquillità e serenità interiore. Il bambino, ad esempio, nei momenti di collera prende a pugni e quasi vorrebbe e desidererebbe l'eliminazione e la distruzione dell'ostacolo frapposto all'esaurimento del suo desiderio, anche se si tratta di una persona che in quel momento è per lui fondamentale e molto amata, come potrebbe essere un genitore. Anche l'adulto è spinto a pronunciare frasi e parole e a compiere gesti dei quali, in un momento successivo, amaramente si pente, giacché li giudica assolutamente sproporzionati e fuor di luogo.

Purtroppo in questa condizione particolare, la mente, accecata dall'odio e dal bisogno di far del male, mira soltanto a scegliere la migliore strategia di difesa o di offesa, trascurando le conseguenze degli atti aggressivi che si stanno per compiere. Per tale motivo le capacità razionali sono molto ridotte, tanto che in un momento successivo siamo incapaci di spiegare le nostre ragioni con chiarezza. Inoltre, sconvolti dal risentimento, sopravvalutiamo le offese e i comportamenti, gli atteggiamenti e le caratteristiche negative dell'altro, mentre sottovalutiamo ampiamente quelli positivi. In definitiva, accecati dall'ira, si rimane preda di una spirale distruttiva ma, a volte, anche autodistruttiva. Solo in seguito, ristabilita una maggiore serenità, ci si pente per quanto desiderato, pronunciato e manifestato in quei momenti. Tuttavia la rabbia non è soltanto un'espressione negativa da cancellare; rappresenta anche una risposta a una minaccia, alla frustrazione, e ci aiuta a combattere per la nostra sicurezza, fornendoci l'energia emotiva e fisica per risolvere un problema (Picozzi, 2012, p. 29).

Sia le emozioni della rabbia sia le sue manifestazioni di collera, diminuiscono notevolmente quando riusciamo a scaricarle sulla persona che le ha provocate. Solo allora, solo quanto rispondiamo e scarichiamo l'aggressività attaccando la persona che avvertiamo come fonte di minaccia psicologica e causa del nostro grave malessere, la tensione diminuisce e ritroviamo uno stato di momentaneo e parziale benessere. Quando ciò non è possibile o non è conveniente, queste emozioni e manifestazioni possono essere dirette su animali, persone o cose assolutamente innocenti.

Pertanto le manifestazioni aggressive producono, <u>almeno momentaneamente</u>, delle sensazioni piacevoli e gratificanti. Abbiamo sottolineato <u>almeno momentaneamente</u>, poiché, in un momento successivo, "a mente fredda", spesso ci vergogniamo per quanto abbiamo detto e fatto e, potendo tornare sui nostri passi, in molti casi cancelleremmo o modificheremmo molti dei nostri atti provocati e gestiti dalla rabbia.

Certamente sono importanti gli stimoli negativi che hanno scatenato la rabbia, ma è altresì importante anche il cervello che elabora questi stimoli. Per tale motivo ogni persona reagisce con un suo particolare modo agli stimoli negativi e stressanti che provengano dal mondo esterno, in base alla sua personalità e ai suoi vissuti del momento. Pertanto sia la rabbia, sia le manifestazioni di collera hanno notevoli caratteristiche di soggettività.

Le manifestazioni della collera

La collera disinibita si manifesta immediatamente dopo un evento sgradevole in modo esplosivo, mentre *la collera inibita* o *collera silenziosa,* come la chiama Meazzini (2006, p. 8), si accumula nel tempo, rischia di trasformarsi in odio gelido e implacabile e si può esprimere in modo violento con scoppi d'ira, solo in un momento successivo. Quest'ultimo tipo di collera è presente soprattutto nelle persone molto attente al rispetto formale o alle reazioni negative degli altri. Queste persone riescono a tenere a bada o a mascherare e inibire la rabbia per un periodo più o meno lungo, pur di non compromettere la loro immagine. Tuttavia questa emozione violenta non scomparendo, si accumula nell'animo, fino a quando l'individuo non è più capace di contenerla. Quando la tensione raggiunge livelli troppo alti, esplode in atteggiamenti d'ira agitata e scomposta, a volte anche per piccole offese. Insomma in queste persone apparentemente controllate è la goccia quella che fa traboccare il vaso.

Per quanto riguarda l'intensità, la collera si può manifestare con molte gradazioni. Il Meazzini (2006, pp. 10-11) riporta la scala di Potter Efron R. e Potter Efron P. i quali distinguono vari livelli di collera:

1. Nel primo livello la collera si esprime in modo apparentemente sereno e tranquillo.
2. Nel secondo livello la persona che si sente ingiustamente colpita o offesa, ignora l'altro e risponde alle sue domande con un prolungato silenzio. Come dire: "Sono molto seccato con te, lasciami in pace".
3. Nel terzo livello la persona offesa cerca di far sentire in colpa e vergognare l'altro per quello che le ha fatto.
4. Nel quarto livello sono presenti litigi con grida e ingiurie verso l'altro.
5. Nel quinto livello sono lanciate verso l'altro delle vere e proprie minacce.
6. Nel sesto sono attuati dei veri atti persecutori.

7. Nel settimo livello è presente una violenza controllata nella quale rimane un barlume di razionalità.
8. Nell'ottavo livello, il più grave, è presente la cosiddetta *rabbia cieca*, che è anche la più primitiva. In questa condizione scompare ogni barlume di razionalità.

Le conseguenze della collera

Se le manifestazioni dell'aggressività sono rare e sono sollecitate da gravi motivi, hanno una funzione positiva giacché servono a proteggerci dalle prevaricazioni degli altri. Se invece si mostrano frequentemente o in modo eccessivo sono di grave nocumento alla persona, agli altri e alla società e dovrebbero costituire un campanello dall'allarme per le persone che stanno loro vicine. Queste dovrebbero riuscire a capire le cause più vere e profonde di tali eclatanti manifestazioni e trovare i rimedi più utili.

Nonostante le manifestazioni aggressive producano a volte piacere e gratificazione, queste non solo creano dipendenza come la maggior parte degli stupefacenti ma non sono innocue per l'organismo, come a volte si pensa. Il corpo, sottoposto a un costante e notevole stato d'allarme, rischia di subire delle ripercussioni negative, soprattutto nell'apparato cardiovascolare. Inoltre l'individuo sarà inevitabilmente costretto ad affrontare le conseguenze, spesso molto gravi dei suoi comportamenti aggressivi: la perdita delle relazioni con i simili e con l'altro sesso; l'insorgere di sensi di colpa e d'indegnità. Inoltre sarà costretto a rispondere dei suoi atti in sede legale e sociale.

3

LA VIOLENZA

Per violenza s'intende ogni azione di sopraffazione esercitata su individui con mezzi fisici o psicologici. Rientrano negli atti violenti tutti gli atteggiamenti e le azioni di chi con la forza o con la minaccia costringe qualcuno, un gruppo o una comunità a fare qualcosa o gli impedisce di fare qualcosa, in modo tale da determinare una privazione, un cattivo sviluppo, un danno psicologico. Oppure procura una lesione fisica o anche la morte dell'individuo o degli individui verso i quali l'atto violento si esercita. La violenza può nascere da uno stimolo conscio o inconscio e può essere quindi sia volontaria che involontaria. "Violenza" è termine analogo a "violare" nel senso di profanare, andare contro, trasgredire (Ajuriaguerra, 1995, p. 9). Per Hacker (1971, p. 115) la violenza è in fondo la forma cruda, volgare e primitiva dell'aggressività. Per quest'autore la violenza è sempre aggressività, ma non sempre l'aggressività è violenza. Tuttavia qualsiasi manifestazione dell'aggressività è preferibile alla violenza.

Certe forme di violenza sono provocate da un sentimento d'ingiustizia. "Se io ho sofferto, è giusto che anche chi ha provocato il mio malessere soffra". Tuttavia come dice Hacker (1971, p. 118): *"Solo se l'aggressività nel suo complesso e in tutte le sue sfumature e manifestazioni è stata riconosciuta e accettata essa non ha più bisogno di camuffarsi. Solo se l'aggressività non deve cambiare etichetta, non deve più nascondersi né negare la propria esistenza, potrà scegliere per manifestarsi delle alternative al servizio della vita e della felicità, non sarà più costretta a regredire alla violenza, diventando portatrice di distruzione e morte".*

Il termine di *violenza domestica* indica ogni forma di violenza fisica, psicologica o sessuale che riguarda i soggetti che hanno avuto o si propongono di intrattenere una relazione intima di coppia. Questo termine si riferisce anche alle persone che vivono all'interno di un nucleo familiare più o meno allargato e a quelli che hanno una relazione di carattere parentale o affettivo. Purtroppo è proprio il legame affettivo e di sangue a rendere la casa e la famiglia nella sua accezione più ampia, il luogo privilegiato in cui la violenza si esercita più frequentemente, tanto che la violenza domestica raggiunge il 75% dei soprusi e colpisce soprattutto coniugati e conviventi. Per quanto riguarda questi soggetti uno dei periodi più pericolosi è quello nel quale si decide o si va incontro alla separazione. Il motivo è facilmente comprensibile. Quei periodi sono, dal punto di vista psicologico, sicuramente i più laceranti e carichi di tensione, risentimento e odio, nei confronti dell'altro coniuge, convivente, o fidanzato/a che sia.

Per quanto riguarda il termine *violenza di genere*, si vorrebbe limitare questo termine agli atti violenti che comportano o è probabile che comportino una sofferenza fisica, sessuale o psicologica o una qualsiasi forma di sofferenza alla donna. Questa limitazione al sesso femminile non è affatto corretta, poiché la violenza è un fenomeno trasversale, pertanto non è assolutamente riconducibile al solo genere femminile. È del tutto evidente che vittime di violenza possono essere non solo i maschi, ma anche i portatori di altri generi sessuali: come gli omosessuali maschi e femmine, i bisessuali, i transessuali, gli ermafroditi e così via.

Violenza fisica *(Vis absoluta)*

Questa è data dall'azione violenta estemporanea o prolungata nel tempo rivolta al corpo dell'altro con intenzione di fargli male o addirittura di danneggiarlo in modo permanente, se non di ucciderlo. La violenza fisica può essere attuata *mediante il corpo* con schiaffi, pugni, calci ecc. oppure *mediante l'uso di veleni, armi o altri oggetti* che sono capaci di provocare dolore o di ledere fino a uccidere il corpo dell'altro.

Violenza psicologica *(Vis compulsiva)*

È l'azione rivolta non a far del male al corpo dell'altro ma alla sua psiche, cercando di danneggiare o distruggere il suo benessere psicologico, la sua serenità interiore, la sua autostima, l'immagine sociale, amicale o familiare. In questi casi vi è il desiderio di sottomettere e condizionare in modo pesante la vita dell'altro. La violenza psicologica è difficilmente visibile e diagnosticabile; i suoi confini sono poco netti e definiti; la gradualità è molto varia e le cause che possono determinarla sono molteplici. Per tali motivi la sua valutazione, in sede legale ma anche su basi etiche e morali, è particolarmente complessa e sfuggente e si presta a svariate interpretazioni e a molti *distinguo*. Inoltre varia molto nel tempo ed è diversa nei vari stati e nelle varie comunità umane e religiose.

Per quanto riguarda i comportamenti, la violenza psicologica può essere realizzata mediante:

- *Minacce.* Ad esempio: "Se non fai quello che ti dico ti tolgo i figli e non li vedrai più"; "Se esci da casa, ti tolgo tutti i soldi e ti lascio in mutande"; "Se non mi permetti di fare quanto ti ho chiesto ti ammazzo, ti distruggo socialmente, dirò a tutti di che pasta sei fatto/a". Tra le minacce vi può essere anche quella del suicidio. Questa minaccia, come si può ben comprendere, è di estrema gravità, giacché può innescare intensi sentimenti di colpa nella vittima.

- *Divieti eccessivi o assurdi.* Ad esempio: "Non ti permettere più di uscire da casa senza il mio permesso"; "Se vai dai tuoi ti lascio"; "Guai a te se frequenti quei tuoi amici".

- *Colpevolizzazioni eccessive senza un valido riscontro nella realtà.* Ad esempio: "E' colpa tua se siamo rimasti in bolletta"; "È colpa tua se nostro figlio si droga"; "Tu sei responsabile dell'infarto che ho subito".

- *Denigrazioni e svalutazione.* In questi casi si attacca verbalmente l'altro con frasi dispregiative, cercando di sminuire la sua dignità personale, il suo lavoro, la sua psiche, il suo corpo, le sue capacità e il suo ruolo come madre o padre, come marito o moglie: "Sei un poco di buono"; "Sei una nullità"; "Sei un deficiente/ un cretino"; "Non sei un vero uomo"; "Non hai nulla di una vera donna"; "Sei una matta". Altre volte si usano i figli per aggredire e umiliare l'altro, istigandoli a rifiutare ogni contatto con il proprio genitore. In alcuni casi si utilizza il sarcasmo per criticare l'altro così da denigrarlo agli occhi dei figli, degli amici e degli altri familiari. In questi casi si utilizzano, alla presenza di altri, delle battute pungenti, solo apparentemente spiritose. Tuttavia lo scopo è chiaro ed evidente: per fare più male si punzecchia il partner davanti a tutti, anche con la speranza di avere dagli altri man forte contro chi si vuole aggredire. Naturalmente questi comportamenti possono comportare la perdita dell'autostima della vittima.

- *Controllo sull'altro.* Per avere un maggior controllo sull'altro si può cercare in tutti i modi di scoraggiare ogni sua iniziativa, con l'intenzione di sottometterlo a sé. In questi casi uno dei due prende il sopravvento e decide che cosa il partner "deve" indossare, le persone che può o non può frequentare, e così via.

- *L'isolamento.* Questa violenza consiste nel cercare di rendere l'altro dipendente da sé cercando di isolarlo. Ad esempio, gli viene impedito di lavorare, di accedere alle finanze personali o comuni, di vedere o di mantenere rapporti con gli amici e la propria famiglia.

- *L'indifferenza.* Può provocare molta sofferenza anche il trattare l'altro come se non esistesse: non parlandogli; non facendolo partecipe della vita della famiglia; ignorando i suoi bisogni; rifiutando di dialogare con lui.

- *Ricatti affettivi e sessuali.* Ad esempio: "Se non mi compri la pelliccia di visone, ti puoi dimenticare di toccarmi anche solo con un dito". "Se non vuoi che io compri una macchina nuova io non ti pago l'intervento chirurgico che dovresti effettuare".

- *Violenza economica.* In questi casi la persona violenta cerca di diminuire l'indipendenza economica dell'altro in modo tale che questi non abbia beni e mezzi finanziari sufficienti per vivere dignitosamente. Ad esempio, si cerca di sottrargli lo stipendio; lo si esclude da ogni decisione in merito alla gestione economica della famiglia; oppure si costringe l'altro a firmare qualche documento a suo sfavore, così da appropriarsi dei suoi beni; o ancora si effettuano degli acquisti importanti senza consultare l'altro.

- *Violenza culturale e religiosa.* Si effettua questo tipo di violenza quando non si rispetta la cultura o le convinzioni religiose e morali dell'altro.

- *Violenze sessuali.* Si commette violenza sessuale in varie situazioni. Ad esempio quando si molesta sessualmente l'altro; quando lo si costringe a comportamenti sessuali umilianti, dolorosi o assolutamente non desiderati; quando si gode nel fare delle battute e prese in giro di tipo sessuale; quando si impongono all'altro delle gravidanze, degli aborti o lo si costringe a prostituirsi; quando si interrompe un atto sessuale senza un valido motivo.

- *Violenza con l'uso di modalità di contatto intense e asfissianti (stalking).* Questo tipo di violenza si avvale di telefonate, lettere anonime, pedinamenti, messaggi scritti o audiovisivi effettuati sui social. Lo scopo più frequente è quello di cercare, mediante le minacce, di convincere l'altro a tornare sui suoi passi, in modo tale che possa nuovamente essere disposto a riprendere una relazione sentimentale o sessuale che è stata interrotta, in modo ritenuto ingiusto e ingiustificato, almeno nella visione di chi pratica lo stalking. Con tali mezzi il molestatore cerca di mettere soggezione, paura e ansia alla persona presa di mira, al fine di raggiungere il suo scopo o i suoi obiettivi. Nello stalking si può arrivare fino a vere e proprie condotte aggressive, con danni materiali ai beni della vittima (Lorettu *et al.*, 2004, p. 62-68). Questa persona, desiderata o detestata dal molestatore, può appartenere al microcosmo affettivo – relazionale del soggetto e quindi può essere un ex: coniuge, fidanzato, convivente, amante, amico, ma può essere anche un vicino di casa con il quale non vi è stato mai alcun rapporto importante, un professionista o anche qualche personaggio famoso della Tv, del cinema o della canzone, come un attore, un'attrice, una modella, uno sportivo, un politico. In Italia, per stalking, vi sono circa 547 denunce ogni mese e diciotto arresti ogni giorno (Di Maria e Formica, 2011). Lo stalking o molestia può essere attuato per vari motivi: difficoltà ad accettare un rifiuto; incapacità nel saper affrontare le conseguenze psicologiche dell'abbandono; uno stato d'inaccettabile solitudine che stimola a cercare una persona da amare, con la quale avere rapporti sentimentali o sessuali. In sintesi la persona insoddisfatta della propria richiesta, sente forte il bisogno di insistere in maniera abnorme ed eccessiva, con la speranza che i suoi bisogni siano esauditi. In alcuni casi invece, chi attua questo tipo di comportamento cerca con vari mezzi di punire la persona che rifiuta i suoi approcci o desidera vendicarsi, a causa di qualche torto subito o immaginato.

- *L'incuria e la negligenza.* In questi casi il soggetto compie violenza non curando sufficientemente la persona che ha bisogno del suo apporto.

- *Lo sfruttamento.* Questa violenza si attua quando ad esempio, si costringono degli adulti a prostituirsi oppure si costringono dei minori a impegnarsi in modo eccessivo nella moda, nella pubblicità o nei concorsi, con conseguenze negative sul loro sviluppo fisico o psichico.

- *Il mobbing familiare.* Così come esiste un mobbing nel campo lavorativo, nel quale i datori di lavoro o altri colleghi, in modo ostile e prolungato, vessano qualche impiegato, allo stesso modo può esserci un mobbing all'interno della famiglia, con la costruzione di alleanze patologiche. Ad esempio quando uno dei coniugi si allea contro l'altro, utilizzando verso quest'ultimo particolari forme di violenza morale: non rivolgendogli la parola, ridicolizzando ogni suo comportamento, parola o gesto e così via. In altri casi il mobbing si può attuare privando l'altro di qualsiasi possibilità di esprimersi; ci si beffa dei suoi punti deboli; nei suoi confronti si fanno allusioni scortesi, senza mai esplicitarle; si mettono in dubbio le sue capacità di giudizio e di decisione ecc. "… per cui alla fine, chi subisce questa particolare forma di crudeltà mentale vede spegnersi la luce, la sua anima diviene sempre più buia, lacerata, devastata". (Di Maria e Formica, 2006).

- *La gelosia eccessiva.* Anche la gelosia, se eccessiva e quindi patologica, comporta una limitazione importante della libertà dell'altro, il quale avrà difficoltà a muoversi, agire e anche lavorare.

Tutti gli atti di violenza psicologica sono in fondo un surrogato dell'aggressione fisica, poiché riescono lo stesso a far del male all'altro, senza sentirsi colpevoli o poter essere accusati di aver provocato un danno organico facilmente rilevabile.

In alcuni casi la violenza può alternarsi a periodi, più o meno lunghi, nei quali, dopo il pentimento e l'accettazione delle scuse da parte della vittima, predomina nella coppia la riappacificazione, la riconciliazione, la dolcezza e l'accondiscendenza. Tuttavia, dopo qualche tempo può seguire una nuova fase di tensione e il riesplodere di un nuovo conflitto, con ulteriori espressioni di violenza ed aggressività. A causa della violenza si possono avere tutta una serie di conseguenze psicologiche come: ansia, paura, confusione, difficoltà di concentrazione, vergogna, perdita dell'autostima con autocolpevolizzazione, senso di fallimento e di impotenza, depressione, isolamento sociale, perdita del lavoro, difficoltà nelle relazioni con l'esterno, perdita dei contatti amichevoli e così via (Roberto, 2016).

Non sempre la frequenza e la gravità degli atti violenti sono in relazione con la gravità del conflitto o della contrarietà che incontrano. Può essere presente una *carenza conflittuale,* intesa come una mancanza di quelle componenti personali e sociali che ci consentono di percepire il contesto critico come sostenibile e non come una minaccia o un pericolo (Barberi, 2016, p. 38)". La persona con grave carenza conflittuale manifesta un comportamento violento anche in assenza di particolari tensioni e senza seguire la logica dell'*escalation*. In genere basta molto poco, anche un accenno limitato e parziale di contrarietà – una parola o un atteggiamento fraintesi – per accendere reazioni che appaiono totalmente fuori misura rispetto alle norme sociali, ma che risultano perfettamente compatibili con i suoi deficit, le sue fragilità" (Barberi, 2016, p. 38).

La violenza nei due sessi

È questo un tema particolarmente difficile ma anche controverso. Negli ultimi anni le accuse di violenza sono quasi sempre state applicate agli uomini, mentre le donne sono state viste quasi sempre come vittime. In realtà, come vedremo esaminando i dati in nostro possesso, le cose sono più complesse.

La violenza sulle donne

Nella ricerca ISTAT del 2014 per quanto riguarda la violenza sulle donne sono riportati i seguenti dati:

Il 31,5% delle 16-70enni (6 milioni 788 mila) ha subìto nel corso della propria vita una qualche forma di violenza fisica o sessuale: il 20,2% (4 milioni 353 mila) ha subìto violenza fisica, il 21% (4 milioni 520 mila) violenza sessuale, il 5,4% (1 milione 157 mila) le forme più gravi della violenza sessuale come lo stupro (652 mila) e il tentato stupro (746 mila).

Ha subìto violenze fisiche o sessuali da partner o ex partner il 13,6% delle donne (2 milioni 800 mila), in particolare il 5,2% (855 mila) da partner attuale e il 18,9% (2 milioni

44 mila) dall'ex partner. La maggior parte delle donne che avevano un partner violento in passato lo hanno lasciato, proprio a causa della violenza subìta (68,6%). In particolare, per il 41,7% è stata la causa principale per interrompere la relazione, per il 26,8% è stato un elemento importante della decisione.

Il 24,7% delle donne ha subìto almeno una violenza fisica o sessuale da parte di uomini non partner: il 13,2% da estranei e il 13% da persone conosciute. In particolare, il 6,3% da conoscenti, il 3% da amici, il 2,6% da parenti e il 2,5% da colleghi di lavoro.

Nel 2017 le donne vittime di omicidio volontario in Italia sono state 123, lo 0,40 per 100.000 donne. Fonte Istat.

La violenza sugli uomini

Macrì *et al.*, in un'indagine svolta nel 2012 su 1058 soggetti maschili dai 18 ai 70 anni, hanno riportato numerose tipologie di violenze, esercitate su di loro da parte delle donne.

Violenze fisiche

- Violenza fisica messa in atto con modalità tipicamente femminili con graffi, morsi, capelli strappati: 60,5 % degli intervistati.
- Lancio di oggetti: 51,2%
- Percosse con calci e pugni: 58,1% degli intervistati.
- Aggressione alla propria incolumità personale che avrebbero potuto portare al decesso: 8,4% degli intervistati.
- Utilizzo di armi proprie e improprie: 23,5% degli intervistati.

Violenze psicologiche

La percentuale di donne che globalmente insultano, umiliano e provocano sofferenza con le parole è alta: 75,4% degli intervistati. In particolare:

- Minaccia di esercitare violenza fisica: 61,1% degli intervistati.
- disprezzo/derisione (30,5%) degli intervistati.
- paragoni irridenti (20,1%) degli intervistati.
- Umiliazioni per quanto riguarda l'aspetto economico e critiche a causa di un impiego poco remunerativo: 50,8% degli intervistati.
- Umiliazioni ed offese in pubblico 66,1% degli intervistati.
- Critiche ed offese ai parenti: 72,4% degli intervistati.
- Critiche per difetti fisici: 29,3% degli intervistati.
- Critiche per abbigliamento ed aspetto in generale: 49,1% degli intervistati.
- Critiche per la gestione della casa e dei figli: 61,4% degli intervistati.

Violenze sessuali

- Per quanto riguarda le violenze sessuali, solo il 2,2% degli uomini dichiarava di non aver mai subìto alcun tipo di violenza sessuale. La percentuale maggiore di questo tipo di violenza riportato dagli uomini che è stata del 48,7% degli intervistati, riguardava il rapporto intimo avviato, ma poi interrotto dalla partner senza motivi comprensibili. Questo comportamento li faceva sentire umiliati e depressi per cui: "La gamma di turbamenti riferiti andava dal malessere fisico, all'insonnia, dalla mortificazione nel sentirsi rifiutato, al dubbio di non essere più desiderato; dal timore di non essere in grado di soddisfare la partner, al dubbio che in precedenza la stessa avesse simulato un deside-rio ed un piacere che non aveva mai provato; dal dub-bio del tradimento, alla sensazione di inadeguatezza; dal timore per la stabilità della coppia, al calo dell'autostima, etc." Un'ampia gamma di conseguenze che non sempre sono state risolte in autonomia, ma che in alcuni casi hanno necessitato di cure specialistiche, sostegno ed analisi.

Gli intervistati denunziavano inoltre altri tipi di violen-ze sessuali, in percentuali minori, come:

- l'utilizzo della costrizione, attraverso la forza o la minaccia (8,6%).
- rapporti sessuali in forme a loro non gradite (es. rapporti sado-maso, rapporti nel periodo me-struale, rapporti sessuali con altre persone, in-cluso sesso di gruppo o scambi di coppia) (4,1%).

Per gli autori (Magrì et al. 2012, p. 30):

"Va rilevato come inchieste, sondaggi e ricerche che analizzano tale comportamento deviante e che vengono pro-posti con continuità a livello istituzionale e mediatico da di-versi decenni, sono soliti prendere in considerazione solo l'eventualità che la vittima della violenza di genere sia donna e che l'autore di reato sia uomo. Tale informazione, distorta alla sua origine, passa tramite canali ufficiali (dai media alle campagne di prevenzione) determinando una conseguente sensibilizzazione unidirezionale che relega ad eccezioni -

spesso non prese neppure in considerazione – le ipotesi che la violenza possa essere subita e/o agita da appartenenti ad entrambi i sessi".

Le violenze sugli uomini sono particolarmente difficili da rilevare, poiché sono inficiate anche dalla maggiore o minore propensione di questi a evidenziare le violenze subite, a causa delle caratteristiche sessuali, ma anche a causa della maggiore o minore propensione ad aprirsi su contenuti relazionali particolarmente delicati e intimi. Da ciò derivano i limiti dell'analisi di un fenomeno che, per sua natura, è spesso sommerso (Macrì *et al.,* 2012, p.32). Nonostante l'impegno costante dei media, delle istituzioni e di larga parte del privato sociale nel condannare la violenza, la stessa viene etichettata come violenza di genere, dell'uomo quindi nei confronti della donna, dimenticando l'assunto che la violenza è un costrutto ampio e complesso che non prevede affatto distinzioni quantitative in ordine al sesso ma soltanto qualitative. Per molti giornalisti l'*agito* violento non ha caratteristiche proprie, oggettive ma sembra divenga biasimevole in funzione di chi lo compie. Viene pertanto trasmesso il messaggio che la violenza femminile non esiste, e se esiste è "lieve" e in ogni caso non suscita allarme, ed è legittimata, normalizzata, positivizzata, in quanto dovuta a reazioni della donna a causa di angherie maschili. Spesso l'uomo che subisce la violenza femminile non ottiene alcuna comprensione da parte di entrambi i sessi, anzi viene irriso e colpevolizzato come debole e incapace, per non essersi saputo difendere adeguatamente.

Le variabili ambientali e personali

La reattività a uno stimolo non è mai uguale. Il soggetto quando è sereno e soddisfatto può reagire bene a intensi stimoli negativi. Al contrario, in certi momenti e in particolari condizioni di stanchezza, stress, ansia e frustrazione, può reagire male anche a uno stimolo minimo. Ad esempio, è più facile che reagisca male l'individuo che ha vissuto una giornata nella quale non sono stati rispettati i suoi bisogni fisiologici primari: sonno, riposo, alimentazione che la persona privata da molto tempo di quelle minime gratificazioni e soddisfazioni normalmente presenti nella vita di ogni uomo.

La facilità o meno di reagire con eclatanti e a volte pericolose reazioni di collera dipende molto anche dalla *reattività individuale*. Alcune persone più serene, equilibrate e più capaci di razionalità e controllo emotivo, accettano e sopportano stimoli anche molto intensi e reagiscono in maniera graduale e proporzionale alle provocazioni, altri invece reagiscono in maniera più frequente e/o eccessiva anche a banali stimoli irritanti. Queste persone trovano nelle parole e nei gesti degli altri sempre qualcosa che li colpisce ingiustamente. Sono chiamati "permalosi", giacché facilmente e frequentemente si sentono feriti e percossi per motivi, a volte lievi, se non proprio insignificanti, ai quali reagiscono con acredine, ruminando rancore e vendette. Questa facile irritabilità dipende dalla storia personale e familiare del soggetto. Una maggiore reattività è presente nelle persone che hanno subìto, per lungo tempo un ambiente familiare frequentemente conflittuale oppure gravemente ansioso, depresso, irritante, essenzialmente poco adatto allo sviluppo di un minore.

Non è da sottovalutare lo stato di debilitazione provocato da fragilità e debolezza fisica che si trasforma in uno stato
di debolezza e fragilità psichica. Sono pertanto fattori predi-
sponenti alle crisi di rabbia: le malattie, specie se croniche; gli
interventi chirurgici subìti, particolarmente dolorosi, difficili e
dagli esiti incerti; i ricoveri; l'assunzione di alcuni farmaci che
aumentano notevolmente l'irritabilità e l'eccitabilità del soggetto come gli antistaminici, i cortisonici, gli antidepressivi e
altri.

Le reazioni colleriche diminuiscono con l'età e hanno
minore impatto nelle persone più istruite, che cercano di vivere in maniera più razionale i contrasti. Sono più frequenti nei
primi anni di matrimonio e diminuiscono nel tempo.

I comportamenti delle vittime

Nonostante, almeno in teoria, tutti gli atti di violenza
debbano essere perseguiti in sede giudiziaria, non sempre sono
denunciati dalle vittime. Ciò avviene per vari motivi:

- Molte persone che non riescono a metabolizzare i conflitti, non hanno la capacità di perdonare e sono certe
  della lentezza della giustizia e della scarsa obiettività
  delle sentenze dei giudici, tendono a preparare e attuare una loro giustizia, mediante una personale vendetta.
  In questi casi il rancore è tenuto e alimentato dentro
  l'animo, in attesa del momento propizio per farlo
  esplodere. La vittima, a volte per giorni, altre volte per
  mesi e anni, prepara, organizza e studia ogni punto debole dell'avversario, per rispondere "pan per focaccia"
  a chi le ha fatto del male. Ciò può fare in modo diretto,

oppure utilizzando amici, parenti o altre persone estranee. Il momento propizio può verificarsi anche dopo anni, ma la persona vendicativa non ha fretta giacché "la vendetta è un piatto che si mangia freddo". Inoltre, il male prima immaginato e poi attuato nei confronti del colpevole, è ricambiato "con gli interessi" poiché, rispetto a quello ricevuto, è maggiorato, accentuato e aggravato dalla collera contenuta. Tuttavia, nonostante il bisogno di rivalsa sia naturale, poiché è presente nell'uomo ma anche negli animali, non fa certamente stare meglio. Anzi fa l'effetto di un acido corrosivo e può portare alla depressione, allo stress, al malessere e ad una permanente tensione (Etienne Mullet, 2015). Come dice Losacco (2010, p. 34): "La difesa a oltranza di se stessi porta ad un progressivo distacco emotivo e a continue azioni distruttive contro l'altro/a. Sfiducia e sofferenza portano all'irrigidimento e ad una tale inflessibilità da impedire a entrambi i partner di trovare un accordo. Il conflitto in questi casi diventa distruttivo: l'intimità, la relazione affettiva, l'autostima e la sicurezza vengono soffocate fino a svanire".

- Alcuni invece si astengono dal vendicare quanto subìto poiché temono che lo svelamento della violenza subìta possa mettere in pericolo la propria sicurezza e quella dei figli.
- In altri casi vi è la paura di qualche ritorsione o di essere abbandonati dal partner.
- Frequente negli uomini è la vergogna o il timore di subire umiliazioni da parte degli altri, soprattutto dagli altri maschi. Come dire: "Possibile che tu, grande e

grosso come sei, non riesci a difenderti da una femmi-nuccia?"

- In altri casi si temono la derisione e le accuse da parte degli amici e soprattutto da parte dei familiari, per aver effettuato delle scelte sbagliate: "Ma guarda un po'! Il meraviglioso grande amore della tua vita si è rivelato un disastro? Quanto sei stata stupida ad avere scelto di stare con quel tale che noi tutti ti sconsigliavamo di frequentare! E ora, peggio per te! Arrangiati!"

- Altre volte, a causa del forte legame che può arrivare fino alla dipendenza psicologica nei confronti della persona che ha effettuato la violenza, si preferisce so-prassedere e perdonare in attesa di tempi migliori: "Speriamo che in futuro il suo comportamento possa migliorare"; oppure sono messe in evidenza le proprie responsabilità: "Anch'io ho le mie colpe, forse per evi-tare che succedano queste cose dovrei comportarmi meglio. Mi merito le botte che mi ha dato. Non dovevo fare la scema con i suoi amici".

- Per senso d'impotenza e incapacità di chiedere aiuto.

- Perché il comportamento violento dell'altro viene con-siderato normale. "Non poteva fare diversamente, dato che con le mie parole e il mio comportamento l'ho umiliata di fronte ai suoi amici".

- Per salvaguardare l'onorabilità della famiglia e dei fi-gli.

- Per scarsa conoscenza dei propri diritti.

Le conseguenze sui minori

Per Ackerman (1968, p. 32):

"Il modo in cui i genitori mostrano in modo caratteristico il loro amore reciproco e verso i figli è di grandissima importanza per determinare il clima emotivo della famiglia. Il conflitto genera una tensione ostile che, se non viene diminuita, minaccia la disorganizzazione della famiglia. Quando i genitori si amano reciprocamente, il bambino ama ambedue i genitori; quando i genitori si odiano, il bambino è costretto a prendere posizione per l'uno o per l'altro. Ciò suscita paura, giacché egli deve essere preparato a perdere l'amore del genitore che respinge in favore dell'altro".

Molti genitori conflittuali frequentemente non riescono a collaborare e a coordinarsi tra loro nell'educazione dei figli. Spesso neanche provano a trovare un'intesa reciproca. Anzi, l'uno cerca di squalificare, limitare e bloccare la credibilità dell'altro, sminuendo ogni iniziativa, e ogni frase da questi pronunciata, quasi lieto di poter mettere in discussione e contrastare ogni direttiva e regola proposta o dettata dall'altro coniuge.

I figli, quando avvertono attorno a loro chiari ed evidenti segnali di conflitti o peggio, notano comportamenti violenti tra i genitori, non possono restare indifferenti. Il mondo dei bambini, almeno nei primi anni di vita, è limitato alla propria casa e ai propri genitori. Per tale motivo è diverso dal mondo degli adulti che è ampio, perché fatto di numerosi e complessi rapporti familiari, amicali, professionali. Pertanto quel piccolo ambiente, appunto "il nido" degli esseri umani, affinché permetta un sano sviluppo dei minori, è fondamentale che sia caldo e tenero, ma anche sicuro, sereno e tranquillo.

Quando ciò non avviene, per cui i piccoli dell'uomo avvertono attorno a loro frequenti conflitti, freddezza e aggressività, tutto il loro essere ne soffre, sconvolto dalla tensione che li circonda. Ciò impedisce o altera, a volte in modo lieve, ma più spesso in maniera grave, il loro normale sviluppo psichico. Non è facile, infatti, che un essere fragile, debole e insicuro, com'è un bambino, possa vivere e svilupparsi correttamente in mezzo ai sospetti, ai contrasti o in una famiglia nella quale ognuno va per la sua strada, cercando il proprio tornaconto, senza che vi sia quell'accordo e quell'indirizzo univoco, indispensabile ai piccoli per comprendere, adattarsi e saper affrontare le realtà interne ed esterne.

Alcuni minori pur di non ascoltare o in qualche modo sottrarsi alle urla e all'atmosfera insopportabilmente violenta presente in casa, si chiudono nella loro stanza; si mettono le cuffie nelle orecchie e alzano il livello della musica, nel tentativo di proteggersi, isolandosi. Altri escono da casa o preferiscono restare con i nonni. Altri ancora, gridando a loro volta, cercano in tal modo di coprire le urla dei genitori.

Le conseguenze delle quali soffriranno i minori sottoposti ad un ambiente conflittuale e violento sono in rapporto: all'età; al sesso; alla durata e gravità delle manifestazioni alle quali sono costretti ad assistere; alla loro maggiore o minore capacità di comprendere le cause del conflitto, ma anche alla loro preesistente situazione psicologica. Com'è facile capire, i figli più piccoli reagiscono peggio di quelli più grandi, giacché la loro minore età li rende più facilmente preda delle paure, delle ansie, delle insicurezze, ma anche dei sensi di colpa. Anche gli adolescenti reagiscono molto male ai conflitti genitoriali, poiché in questa fase evolutiva, particolarmente delicata e difficile da affrontare, tali nuove e importanti problematiche che si aggiungono nel loro percorso di crescita, già molto complicato, alterano il loro scarso e fragile equilibrio.

Assistere a dei modi non costruttivi di risoluzione degli scontri genitoriali può incrementare la possibilità di acquisire e generare, a loro volta, metodi inefficaci di risoluzione dei conflitti, sviluppando minori abilità sociali e credenze distorte circa la legittimità e la normalità dei comportamenti aggressivi. Tuttavia, quando i genitori riescono a discutere serenamente e a risolvere costruttivamente i conflitti, questo comportamento può aiutare i figli a imparare le adeguate strategie per la risoluzione dei problemi che si presentano nei rapporti affettivo - relazionali. Inoltre, la risoluzione costruttiva di un conflitto può servire alla coppia stessa per accrescere e per potenziare il proprio legame.

Oltre alla sofferenza causata del trauma di assistere agli scontri tra le persone a loro più care, i minori possono subire anche il danno dovuto alle carenze affettive ed educative. Il conflitto fa, infatti, diminuire la disponibilità fisica ed emotiva, ma anche l'attenzione e la cura verso i figli, poiché i genitori sono non solo occupati e impegnati in questa guerra intestina, ma sono anche psicologicamente sconvolti: pertanto non hanno il tempo, la serenità e la disponibilità necessaria ad occuparsi bene dei loro figli.

Inoltre, poiché spesso il loro stile educativo diventa più nervoso, aggressivo, severo e intollerante, aumentano i rimproveri e le punizioni nei confronti dei minori. In altri casi, al contrario, è possibile che uno dei genitori crei delle alleanze patologiche con i figli verso i quali egli avrà, di conseguenza, una serie di comportamenti permissivi e arrendevoli. Quando poi uno dei due genitori cerca di imporre il proprio stile educativo e formativo, mettendo da parte quello dell'altro, quest'ultimo, frustrato e stanco, si defila dai compiti formativi ed educativi, per spostare la sua attenzione, il suo affetto, la sua gratificazione ad altre attività o ad altre relazioni sentimentali e sessuali. In questi casi è evidente che i figli saranno deprivati delle attenzioni, del dialogo, delle tenerezze, dell'ascolto, di uno dei genitori.

Di solito questo genitore è il padre il quale, in base alle vigenti leggi, è marginalizzato nei compiti educativi. Tuttavia in alcune particolari situazioni i figli sono privati di entrambi gli apporti genitoriali, poiché anche le madri, emotivamente scosse e stressate, hanno notevoli difficoltà a relazionarsi con i figli in maniera serena ed equilibrata.

Un'altra grave problematica riguardante i figli dei genitori conflittuali è quella di essere costretti a scegliere il genitore da amare e quello da odiare e per tale motivo scacciare dal loro animo. Tutto ciò però a scapito dei loro più profondi bisogni e desideri, conformemente ai quali essi vorrebbero, invece, avere accanto, amare e rispettare entrambi i genitori. I figli si schierano e si associano in modo istintivo a volte alla persona violenta, contro quella ritenuta colpevole e quindi degna di subire le punizioni che le sono inflitte, altre volte, invece, si alleano e nel loro animo cercano di difendere, la vittima. In altri casi ancora, non sapendo per chi parteggiare e chi appoggiare e proteggere, preferiscono allontanarsi fisicamente o almeno psicologicamente da entrambi i genitori, pur di non essere coinvolti in una situazione che non riescono a definire, capire e tantomeno gestire.

Vi sono per fortuna dei genitori che cercano di non bisticciare davanti ai loro figli, in modo tale da proteggerli dall'esposizione al conflitto. Quest'accorgimento è senza dubbio positivo ed è un segnale di grande responsabilità, tuttavia non sempre è efficace, a causa delle capacità istintive che i minori hanno di comprendere con facilità le emozioni, anche se queste non sono espresse apertamente.

Sappiamo che i conflitti molto intensi e violenti portano frequentemente alla separazione della coppia. Tuttavia questa soluzione non sempre è efficace, poiché dopo circa un anno e mezzo dalla separazione, almeno un terzo delle coppie esaminate continua a scontrarsi e un quarto dei soggetti continua a farlo anche nei quattro anni successivi. Per tale motivo sia quando i genitori sono in regime di separazione o di divorzio, sia quando riescono a coabitare, nonostante i conflitti, è frequente che i figli subiscano delle notevoli sofferenze (Ahrons, 1981, p. 51).

Queste sofferenze si possono manifestare in svariati modi.

1. Minori capacità nella gestione dei conflitti con facili esplosioni di rabbia.
2. Maggiore sensibilità ai conflitti stessi.
3. Minore capacità di autoregolazione nei rapporti con se stessi e con gli altri, con conseguente scarso adattamento sociale e difficoltà anche gravi nel campo relazionale.
4. Sintomi regressivi, con un ritorno a fasi di sviluppo superate.

5. Presenza di numerose e gravi paure: del buio, degli animali, della morte o della perdita di uno o di entrambi i genitori e così via.
6. Presenza d'incubi notturni, disturbi alimentari, insicurezza emotiva.
7. Credenze distorte circa la legittimità e la normalità dei comportamenti aggressivi.
8. Presenza di disturbi depressivi che si possono manifestare con apatia, abulia, sensazione d'indifferenza e distacco, chiusura, sensi di colpa e di indegnità.
9. Minore benessere psicofisico globale.
10. Disturbi del comportamento: diffidenza, irritabilità, aggressività, facili accessi di rabbia, comportamenti oppositivi provocatori, abuso di alcool e/o droghe, promiscuità sessuale.
11. Disturbi nell'area cognitiva: difficoltà nell'apprendimento, nell'attenzione e nella memorizzazione, minori capacità nell'elaborazione di quanto letto o ascoltato, ma anche minori capacità nel ragionamento logico.

Queste alterazioni affettive ed emotive dei figli, se non sono rapidamente e prontamente risolte, tenderanno a perdurare nel tempo, trasformandosi in disturbi psicologici dell'adulto. Questi disturbi, a loro volta, con facilità si trasferiranno alle nuove generazioni, accentuando il disagio sociale.

Molti genitori cercano di difendersi dai sensi di colpa rifiutando d'accettare che le problematiche dei figli siano dovute ai loro comportamenti conflittuali. Pertanto in tutti i modi cercano di attribuire i sintomi di disagio dei figli a fattori congeniti o a una loro congenita cattiveria. Di conseguenza tenderanno ad allontanarsi ancor più da essi, lasciando all'altro coniuge ogni responsabilità (Ackerman, 1968, pp. 226-227).

Se la sofferenza subita è uguale in entrami i sessi, si possono tuttavia avere modi diversi di viverla: nei figli maschi sono maggiormente presenti i *comportamenti esternalizzanti.* Cioè comportamenti in cui il disagio del bambino si riversa verso l'esterno, provocando disturbo nell'ambiente circostante. Ad esempio, il bambino insiste fino allo sfinimento per avere quanto desidera, ha degli atteggiamenti oppositivi nei confronti delle richieste degli adulti, aggredisce gli altri per avere ciò che desidera. Nelle bambine, invece, sono più frequenti i *comportamenti internalizzanti.* Cioè comportamenti nei quali le femminucce tendono a mantenere dentro di sé i loro stati emotivi, senza manifestarli apertamente, specialmente quando temono di essere in qualche modo responsabili dei conflitti dei genitori. In questi casi le bambine possono manifestare ansia, depressione, ritiro sociale e disturbi psicosomatici.

Tuttavia, così come i figli sono sensibili al conflitto presente nei genitori, allo stesso modo la relazione tra i genitori può essere influenzata negativamente del comportamento dei figli. Per cui: "L'identità psicologica della coppia coniugale modella il bambino, ma anche il bambino, secondo i suoi bisogni, modella la coppia coniugale" (Ackerman,1968, p. 34).

In questi casi si può instaurare un circolo vizioso: i problemi e i conflitti dei genitori possono provocare delle problematiche psicologiche nei figli, con sintomi di tipo comportamentale e oppositivo provocatorio; tali sintomi, a loro volta, possono accentuare i conflitti nella coppia, sia per l'aumentato stress, sia a causa del nascere di accuse reciproche: "È colpa tua: non hai saputo educare bene nostro figlio, sei stata troppo permissiva". Oppure: "Sei stato troppo severo"; "Lavori troppo, non sei mai presente"; "Non ti occupi mai di lui". O ancora: "Il tuo caratteraccio si è trasferito in nostro figlio".

La valutazione degli atti di violenza

La valutazione giuridica, sociale e morale degli atti di violenza è particolarmente difficile e problematica per vari motivi:

1. Poiché sono considerati atti violenti tutti quei comportamenti che, dal punto di vista sociale, etico e giuridico, si configurano come tali, la distinzione tra atto violento o non violento può variare molto nel tempo e nei luoghi, in base alla religione, agli usi, ai costumi e alle leggi vigenti in quel particolare momento storico. Per tale motivo alcuni comportamenti sono accettati in un certo periodo o in una certa società, ma sono rifiutati in un altro periodo o in un altro contesto sociale. Per Ajuriaguerra (1995, p. 29): "Esiste una correlazione tra cultura e violenza: se mutano i paradigmi culturali, le espressioni violente si modificano e possono aumentare o sparire. La violenza, insomma, è una manifestazione della cultura che domina un certo momento storico". E ancora lo stesso autore fa un esempio: "Le punizioni pedagogiche sono state considerate per lungo tempo strumento di for-

mazione ed erano non solo applicate, ma persino richieste; introdotta la pedagogia come gioco e non più sacrificio, esse sono diventate violenza" (Ajuriaguerra, 1995, p. 11).

2. La reattività del soggetto nei confronti dei comportamenti di un'altra persona nei suoi confronti può essere la più varia, e ciò in conformità a parametri molto numerosi e ampi. Questa reattività può essere strettamente legata alle caratteristiche sessuali, all'età, alle condizioni sociali e alle caratteristiche di personalità proprie e dell'altro. Ad esempio nel caso delle molestie, queste possono essere vissute come una violenza quando provengono da una persona che non ha le caratteristiche sessuali, l'aspetto fisico, l'età, lo stato sociale o l'etnia che sono adatti ai nostri gusti e desideri di quel momento. Mentre al contrario, gli stessi comportamenti possono essere bene accetti, anzi richiesti, quando provengono da una persona che per motivi vari si confà ai nostri bisogni e desideri.

3. Un comportamento, obiettivamente giudicato lieve, può essere vissuto con grande sofferenza da parte di una personalità psicologicamente disturbata, eccessivamente sensibile o reattiva, mentre, al contrario, un comportamento obiettivamente più grave può essere tranquillamente accettato, ben metabolizzato e gestito da parte di un soggetto sereno che presenta una forte tempra psicologica.

4. Uno stesso comportamento può essere vissuto come una violenza da parte di un sesso, mentre può non essere visto come tale da parte di un altro sesso.

5. Per quanto riguarda poi gli atti di violenza psicologica, non avendo essi un supporto fisico che si possa esaminare e stimare, sfuggono facilmente a un esame di realtà; pertanto è difficile valutarne la gravità ma anche la reale consistenza.

6. Altrettanto complesso è riuscire a valutare nei singoli casi chi è il colpevole e chi è la vittima poiché, in alcune situazioni, gli errati o irritanti comportamenti di un partner, anche se di scarsa gravità, possono aver provocato nell'altro un accumulo di tensione che, in un secondo momento, può sfociare in chiari e netti comportamenti violenti, i quali sono frutto quindi di un animo esasperato. Dice Pasini (1993, p. 56): "C'è chi ha sviluppato una forma di cattiveria che consiste nel frustrare gli altri con una forma passiva ma tenace. Sono le personalità cosiddette passive - aggressive, che si nascondono dietro una maschera di sottomissione e modestia".

7. Inoltre, certi comportamenti violenti possono essere la conseguenza di disturbi psichici che il soggetto porta con sé dall'infanzia oppure possono essere l'effetto di gravi stress o momentanei malesseri che il soggetto è stato costretto a subire nell'ambiente lavorativo, familiare e so-

ciale. Per tali motivi il giudizio morale e sociale su questa persona non può essere, in questi casi, di netta e chiara condanna.

8. Così come vi sono atti di vera violenza, vi sono poi altrettanti atti di falsa violenza, che hanno lo scopo di mettere in cattiva luce il proprio avversario per ottenere degli scopi non leciti. Ad esempio, nel 50% dei casi di separazione extragiudiziale sono accampati episodi di brutalità. Questo non significa che la violenza ci sia stata veramente. Purtroppo attribuire comportamenti aggressivi alla controparte è una delle tante strategie utilizzate da alcuni spregevoli avvocati matrimonialisti, per ottenere qualcosa in più per il proprio cliente in sede di separazione. Come dice Roberto (2016): "I maltrattamenti in famiglia stanno diventando un'arma di ritorsione per i contenziosi civili durante le separazioni. Solo in due casi su dieci si tratta di veri maltrattamenti. Il resto sono querele enfatizzate e usate come ricatto nei confronti dei mariti durante la separazione". Le false denunce o accuse costruite nell'ambito delle separazioni, dei divorzi e delle cessazioni di convivenza, sono presenti nell'inchiesta sulla violenza sugli uomini in 512 casi sul totale dei casi esaminati (48,4%) (Magrì et al. 2012). Inoltre, in alcune situazioni, gli atti di aggressività, esercitati da parte di un membro della coppia, possono essere stati provocati ad arte, per giustificare, presso i giudici le accuse di violenza. È evidente che in questi

casi la vera vittima è chi, con parole e comportamenti, è stato provocato e non chi ha subito i
consequenziali atti di violenza, frutto di una o
più offese finalizzate proprio a provocare
l'altro.

4

LE CAUSE

Le cause dell'aggressività e delle conseguenti violenze sono molteplici. Alcune sono legate alle caratteristiche genetiche, anatomiche, a malattie e alterazioni organiche; altre sono dovute alle problematiche psicologiche presenti nella personalità del soggetto. Altri motivi di aggressività sono da ricercarsi in un ambiente sociale poco idoneo allo sviluppo di una persona, come nei casi di soggetti vittime di frustrazioni, oppressioni, discriminazione, isolamento sociale, povertà. Altre volte le cause sono da attribuire a politiche e leggi dello Stato non idonee alla prevenzione dell'aggressività tra i sessi, oltre che a sistemi giudiziari inefficienti.

Hacker (1971, p. 81) così le riassume:

"I fattori ereditari specifici, innati e genetici, le influenze psicologiche e culturali, le strutture del sistema nervo-

so centrale, nonché gli ormoni e i modelli sociali determinano, nei loro effetti e nei loro intrecci reciproci, il fenomeno dell'aggressività".

In generale possiamo dire che la violenza aumenta quando l'uomo prova ansia e paura nell'ambiente in cui vive, quando si sente minacciato o quando è insicuro di sé.

Aspetti anatomici

Per quanto riguarda il comportamento aggressivo, il notevole progresso nella conoscenza neuroanatomica, si è basato su studi di fisiologia sperimentale effettuati sugli animali, (Moruzzi G. 1975), sui risultati delle osservazioni dirette ed indirette scaturite dalle lesioni chirurgiche e sulla stimolazione elettrica a fini terapeutici di alcune aree cerebrali di pazienti con gravi patologie. Altre indicazioni sono state fornite dalle numerose osservazioni ricavate da pazienti con lesioni cerebrali localizzate, da soggetti affetti da epilessia, encefalite, traumi cranici, tumori cerebrali ecc.

Dal punto di vista neurologico, mentre negli anni venti le aree cerebrali deputate alla gestione dell'aggressività venivano collocate alla base dell'encefalo, in particolare nel *locus niger*, oggi si pensa che queste aree siano presenti in vari sistemi neuronali posti nel *sistema limbico* e nella *regione centro encefalica*. Ajuriaguerra (1995, p. 73) elenca diverse aree interessate all'aggressività: *il bulbo olfattorio, l'ippocampo, i nuclei del setto, quelli del rafe nel pavimento del quarto ventricolo e l'amigdala.*

Si pensa oggi che esista un'ampia regione la quale, quando è eccitata, provoca un comportamento aggressivo e di lotta. Questa regione inizia nel *telencefalo*, continua nel *sistema limbico,* attraversa tutto l'*ipotalamo* e finisce nel *mesencefalo*.

L'ipotalamo è connesso direttamente e/o indirettamente alle manifestazioni fisico-vegetative delle emozioni ed è quindi capace di modulare gli stati fisiologici associati alla paura, alla rabbia, alla fame, alla sete, al sesso e al piacere. Le alterazioni comportamentali associate con la funzione ipotalamica sono connesse con le espressioni di rabbia, aggressività e paura come risposta alle situazioni di stress, di pericolo o di difesa (Moruzzi, 1975).

Anche le alterazioni dell'*ippocampo* possono danneggiare l'elaborazione delle informazioni emotive.

Numerose prove cliniche hanno confermato l'importanza dell'*amigdala* come centro interessato alla mediazione dell'ansia e della paura, sentimenti questi che sono alla base dei comportamenti di attacco e fuga sia negli animali sia nei comportamenti aggressivi dell'uomo. L'amigdalectomia bilaterale, ad esempio, ha ottenuto nell'85% dei casi trattati in uno studio clinico la drastica riduzione di comportamenti violenti. In altri casi la presenza di lesioni dei nuclei amigdaloidi era associata a comportamenti violenti.

È anche interessata *l'area della corteccia fronta*le, dove le emozioni sono elaborate. Più precisamente la gestione dell'aggressività è gestita dalla *porzione orbitale dei lobi frontali*. Per dare via libera all'ira il cervello deve sopprimere proprio quest'attività corticale. Questa soppressione dell'attività corticale che *controlla l'amigdala* nelle donne è più difficile da attenuare mentre nell'uomo è relativamente più agevole

79

fare ciò. Questo potrebbe spiegare le più facili esplosioni di aggressività nel sesso maschile. Inoltre alcuni risultati hanno rilevato una riduzione delle comunicazioni nervose tra l'amigdala, sede delle emozioni, e alcune aree della corteccia prefrontale che, generalmente, operano da filtro sull'amigdala, suggerendo che bassi livelli di serotonina rendono alla corteccia prefrontale più difficile il controllo delle risposte di paura.

Aspetti genetici

Dal XIX secolo gli studiosi hanno cercato di individuare le basi genetiche dell'aggressività. *Lombroso*, fondatore dell'antropologia criminale, pensava che esistessero peculiari caratteristiche anatomiche nei soggetti che avevano un'innata inclinazione al male.

I fattori genetici sembrano importanti anche in alcune sindromi psichiatriche, dove condotte violente e asociali sono l'aspetto prevalente, come nel disturbo da scarso controllo episodico degli impulsi e nel disturbo antisociale di personalità.

In alcuni casi si è visto che le alterazioni dei cromosomi sessuali sono in stretta relazione con i comportamenti aggressivi. Ad esempio, i soggetti con il genotipo XYY a quarantasette cromosomi sono descritti come violenti impulsivi e tendenti ad azioni criminose.

Condotte aggressive aspecifiche e più rare sono state descritte anche nella Sindrome di Klinefelter, che colpisce i soggetti di sesso maschile, con cariotipo XXY. L'aggressività potrebbe essere legata al notevole ritardo mentale che questi soggetti presentano fin dalla nascita e alla presenza di: vulnerabilità emotiva, iperattività, irritabilità, scoppi di rabbia e bassa soglia alle frustrazioni. L'aggressività di questi soggetti, principalmente in età infantile e talvolta adolescenziale, è caratterizzata da un'aggressione indiscriminata contro tutti quelli che tendono ad avvicinarsi ed entrare in contatto con loro.

Anche per Moriconi (2011): "Chi perde facilmente il controllo, fino ad agire in modo aggressivo, potrebbe avere una predisposizione genetica all'impulsività. Ad esempio una mutazione chiamata Q20 del gene HTR2B". In quest'ultimo caso tuttavia, i risultati non sono univoci e numerosi ricercatori a proposito della personalità antisociale evidenziano un'interazione tra fattori biologici e ambientali.

Aspetti ormonali

Gli ormoni più frequentemente studiati come modulatori dei comportamenti aggressivi nell'uomo sono quelli sessuali e steroidei in genere. Il rapporto tra ormoni e aggressività è complesso e non completamente chiarito.

Le ricerche neuroendocrinologiche hanno dato un importante ruolo al testosterone e in generale agli ormoni androgeni, per spiegare la maggiore aggressività maschile, mentre la maggiore docilità del genere femminile è stata rapportata alla presenza dell'estradiolo, considerato l'inibitore per eccellenza dell'aggressività.

Ciò sembra confermato dalla somministrazione di testosterone, eseguita in svariati studi su animali ed anche sull'uomo, che ha comportato un aumento di aggressività in entrambi i sessi, mentre alla castrazione nel sesso maschile ha fatto seguito una riduzione della spinta aggressiva. Inoltre è stato riscontrato un più alto livello ematico di testosterone in donne violente rispetto a quelle più tranquille.

Tuttavia, il comportamento sociale dell'uomo è molto più complesso rispetto alla quantità di un ormone. Pertanto alcuni autori non credono che il testosterone aumenti l'aggressività, mentre è vero invece che quest'ormone favorisce l'onestà e i comportamenti prosociali sia negli uomini sia nelle donne.

Per Ajuriaguerra (1995, p. 70):

"L'aggressività come risposta a determinati stimoli dipende dalle condizioni emotive del soggetto, dalla sua capacità di assorbire le frustrazioni, dall'esperienza del dolore; su questo insieme percettivo – interpretativo giocano il loro ruolo il testosterone ed altri ormoni". "Sarebbe un errore, in analogia a quanto osservato per il cromosoma Y, sostenere che il testosterone è l'ormone della violenza, sia perché esso risente enormemente delle condizioni ambientali, sia perché si conoscono condizioni in cui la correlazione non è confermata" (Ajuriaguerra, 1995, p. 69).

E ancora (Ajuriaguerra 1995, p. 68):

"Dal punto di vista dei parametri biologici la maggiore aggressività si lega, nel maschio, particolarmente durante la pubertà, a testicoli più voluminosi e ad una più elevata concentrazione plasmatica di testosterone. Anche in questi casi il comportamento non è indipendente dall'esperienza: in molti casi gli animali aggressivi che sperimentano situazioni sociali in cui l'aggressività risulti perdente possono apprendere un comportamento che limita quello aggressivo".

L'APA nel 1994 ha riconosciuto il disturbo disforico premestruale, caratterizzato da labilità affettiva, sentimenti di rabbia e ostilità con una sintomatologia neurovegetativa associata. Durante la settimana premestruale sono più bassi i livelli di progesterone e di estrogeni. Recenti studi su diverse specie animali, hanno tuttavia dimostrato come questa relazione non sia così lineare ed automatica. Si è visto che gli ormoni sessuali possono avere effetti diversi sia su persone di sesso opposto sia dello stesso sesso ma appartenenti a specie differenti. Questi effetti cambierebbero inoltre, in rapporto a periodi della vita e risentirebbero dell'interazione con altri ormoni quali l'adrenalina e la noradrenalina. Il problema rimane pertanto controverso.

I neurotrasmettitori

Numerosi studi, da diversi anni, analizzano il ruolo dei neurotrasmettitori nei comportamenti aggressivi. I neurotrasmettitori sono sostanze chimiche che permettono il passaggio dell'informazione da neurone a neurone e costituiscono la base della funzionalità cerebrale, strettamente collegata ai molteplici fenomeni biochimici, psicopatologici e comportamentali dell'individuo.

Studi sugli animali hanno evidenziato come l'aggressività sia favorita da neurotrasmettitori quali l'acetilcolina, la dopamina e la noradrenalina, mentre un'azione inibente è svolta dalla serotonina e dal GABA. Un ruolo particolare spetta alla noradrenalina (che svolge un'azione favorente i comportamenti aggressivi) e alla serotonina (azione inibente). Un riscontro di queste osservazioni nasce a livello clinico quando constatiamo, ad esempio, l'azione anti aggressiva di composti quali i sali di litio; quest'azione sembra essere determinata dall'attività antinoradrenergica dei sali stessi e dall'altra all'azione bloccante il reuptake della serotonina. I continui progressi in campo biochimico e neurofisiologico, consentiti da sempre più perfezionate tecniche, hanno inoltre valorizzato il ruolo dei neuropeptidi (colecistochinina, CCK) e degli oppioidi (Luck e Struber, 2007, p. 35).

Aspetti psicologici

In questo capitolo ci occuperemo di approfondire quale influenza abbia la vita psichica dell'individuo sulla nascita dei sentimenti e dei comportamenti aggressivi e violenti.

Poiché come dice Dacquino (1994, p. 309): "La pace è un sintomo, cioè la conseguenza esterna di un armonioso stato psichico interno", dobbiamo necessariamente approfondire che cosa sia e come questo "armonioso stato psichico" viene a essere turbato e a volte sconvolto.

La reazione psicogena

La causa più semplice e immediata, capace di alterare e turbare il normale equilibrio psichico è la *reazione psicogena*. Questa si attiva quando uno stimolo ambientale negativo, che contiene un'intensa carica affettiva e un profondo coinvolgimento emotivo, come possono essere un'aggressione fisica, un commento crudele, un insulto offensivo, una critica feroce o peggio, un tradimento scoperto, si abbatte in maniera improvvisa e ingiusta su una persona. In questi casi la reazione di aggressività e collera che ne consegue è spesso immediata, intensa, coinvolgente, poiché manca o è molto scarso il freno dato dal giudizio o dalla riflessione razionale (Galimberti,

2006, Vol.3, p. 310). Le conseguenze delle reazioni psicogene possono essere anche molto gravi, proprio perché impetuose e scarsamente controllate e controllabili. Tuttavia, quando si riesce a gestirle adeguatamente, sia la collera sia l'aggressività sono di breve durata e scompaiono rapidamente.

Questo tipo di reazioni sono frequenti nei bambini. In questi con facilità si scatenano rabbia e collera ogni volta che i loro genitori o gli altri adulti, in maniera maldestra e inopportuna, interrompono un loro gioco o li costringono ad adempiere, senza un'adeguata preparazione, un determinato compito. In questi casi si scatena in loro una reazione emotiva fatta di rabbia e collera che, per fortuna, dopo poco tempo sfuma, cosicché tra i piccoli e i loro genitori si ristabilisce un'affettuosa, tenera pace. Questo tipo di reazioni è frequente anche negli adulti, quando non riescono a controllare parole e frasi con le quali si rivolgono ai loro partner o quando è messa in crisi in modo grossolano la fiducia riposta nell'altro, soprattutto nel campo della fedeltà e della coerenza.

Lo stress

Diversa è la condizione quando sull'individuo agiscono situazioni stressanti. In questi casi la reazione emozionale, che può essere anche di tipo aggressivo, è provocata da una serie di stimoli esterni che mettono in moto risposte fisiologiche e psicologiche di natura adattativa. Gli stimoli stressanti possono essere di vario tipo, ma di solito gli stress sono di origine ambientale, solo occasionalmente sono il risultato d'impedimenti costituzionali non riconosciuti (Wolff, 1970, p. 37).

Gli stress possono derivare da eventi fisici, psicologici e sociali.

Gli stress fisici possono riguardare, ad esempio, gli eccessivi sforzi muscolari, il freddo, il caldo, l'impegno eccessivo, la stanchezza, la mancanza di alimentazione regolare, la fame o la sete.

Gli stress psicologici sono di solito causati da intensi o frequenti stimoli emozionali (Galimberti, 2006, Vol. 3, p. 553). Ad esempio, il dover affrontare con difficoltà e pena, giorno dopo giorno, le richieste delle persone che vivono accanto a noi, come datori di lavoro o capi ufficio eccessivamente esigenti, che non tengono conto della resistenza alla stanchezza dei loro sottoposti. In altri casi questi stress nascono quando si è costretti a confrontarsi con colleghi di lavoro poco disponibili e accettanti o quando vi è la necessità di affrontare e risolvere situazioni familiari eccessivamente difficili, penose e conflittuali: malattie, lutti, comportamenti inopportuni da parte dei figli o del coniuge e così via.

Stress sociali. Questi stress si attivano quando si è costretti a scontrarsi con situazioni particolarmente complesse, caratterizzate da difficoltà interpersonali, sociali, individuali: un improvviso licenziamento, la riduzione dello stipendio, la necessità di affrontare degli impegni economici notevolmente onerosi e così via (Galimberti, 2006, Vol. 3, p. 554).

Uno stress può essere ben retto e gestito, quando non è troppo frequente, non è eccessivamente intenso, ma anche quando la persona che lo vive è abbastanza forte, solida e matura, per riuscire a sopportarlo. Quando gli sforzi del soggetto falliscono, perché lo stress supera le capacità di risposta, l'individuo è sottoposto ad una vulnerabilità nei confronti delle malattie fisiche e psichiche (Galimberti, 2006, Vol. 3, p. 553).

Spesso gli stress eccessivi subìti durante l'infanzia, si ripercuotono anche nell'età adulta. A questo riguardo possono essere importanti i precoci stimoli ambientali negativi: come la separazione precoce del bambino dai genitori; l'aver dovuto subire frequenti e gravi episodi conflittuali all'interno della famiglia; la depressione o l'ansia genitoriale; il cattivo rapporto con alcuni insegnanti o con dei coetanei. Questi e altri vissuti difficili e conflittuali sono in grado di alterare in senso negativo la sensibilità dell'individuo quando questi è costretto ad affrontare altri stimoli stressanti durante l'età adulta. Pertanto in epoche e momenti successivi, anche stimoli molto modesti e banali possono causare una notevole tensione e ansia interiore.

La gravità del danno procurato dagli stress eccessivi, è in rapporto all'età, alla frequenza e alla situazione psicologica precedente l'impatto stressante. Pertanto, più piccolo è il bambino, minori saranno le possibilità di ben gestire i fattori stressanti (Meazzini, 2006, p. 32); maggiore è la frequenza e la durata dell'elemento stressante, più grave sarà il danno provocato nella psiche del soggetto. Inoltre se l'individuo è psicologicamente sano e robusto, più facilmente riuscirà a far fronte agli stress. Al contrario, se la persona è fragile e disturbata, più facilmente resterà vittima delle situazioni stressanti (Meazzini, 2006, p. 32).

Per tali motivi uno stress lieve, su una persona che ha l'età, la maturità e la robustezza psicologica sufficiente per affrontarlo e sopportarlo, produce scarse conseguenze negative o addirittura può offrire effetti positivi, come una maggiore gratificazione personale, dovuta al piacere di affrontare con buoni risultati, un cammino impervio e difficile. Se invece la situazione stressante si ripete frequentemente, è troppo intensa, o agisce su un soggetto già provato da stress precoci ed eccessivi, l'individuo, nonostante la sua buona volontà e tutti i tentativi utilizzati per ben affrontare la richiesta, non riuscendo nell'intento sarà costretto a cedere e subire gli effetti negativi dello stress, con pesanti ripercussioni sul piano fisico e psicologico (Meazzini, 1997, p. 33).

Per tali motivi quando i livelli di pressione psicologica sono notevolmente elevati, le persone che riescono a resistere senza cedere sono molto poche.

Questo tipo di stress con effetti negativi è definito *distress*.

Il *distress* prolungato nel tempo produce disturbi organici, come l'incremento del ritmo cardiaco, l'aumento della pressione arteriosa e del ritmo respiratorio, il deficit del sistema immunitario, la diminuzione delle capacità di ragionamento e quindi una maggiore difficoltà ad affrontare i problemi che di volta in volta si presentano al soggetto. Il distress produce inoltre effetti psicologici negativi, come una maggiore facilità alla stanchezza, alla depressione, la tendenza all'irritabilità e alla reattività, mentre saranno compromesse la memoria e la percezione della realtà esterna all'individuo (Meazzini, 1997, p. 39).

La frustrazione

Questa viene definita da Galimberti (2006, Vol. 2, p. 203) come una situazione interna o esterna che non consente di conseguire un soddisfacimento o di raggiungere uno scopo. Proviamo quindi questo sentimento quando un'attesa risulta vana, quando qualcosa o qualcuno ci delude. L'attesa e la delusione, possono riguardare un atteggiamento, un comportamento, una risposta a un nostro bisogno che abbiamo immaginata e pregustata ma non siamo riusciti ad ottenere. Si prova frustrazione anche quando ciò che abbiamo immaginato si è attuato, ma non è riuscito a soddisfare il nostro desiderio e le nostre aspettative più profonde e vere.

Il non raggiungimento di uno scopo e il non soddisfacimento sono in relazione non solo alle carenze presenti nel nostro ambiente di vita, ma anche alle problematiche psichiche presenti nella nostra personalità, ad esempio, quando è attivo in noi un Super - Io troppo esigente che non ci permette di ottenere un soddisfacimento da quello che facciamo, poiché lo ritiene ingiusto o riprovevole.

La reazione alle frustrazioni dipende molto dalle esperienze del passato. Ad esempio, un bambino che sia sistematicamente criticato e svalutato dai genitori, più facilmente da adulto potrà dare risposte aggressive, giacché crescerà ipersensibile alle critiche e alle umiliazioni. Al contrario, chi ha avuto un buon rapporto con i genitori e si sente da loro costantemente sostenuto e gratificato, tenderà a valutare positivamente e ad avere fiducia nei comportamenti delle persone con le quali si relazionerà durante la sua vita. L'ambiente familiare ha, dunque, un ruolo importante nelle percezioni e nel controllo delle emozioni, in particolare dell'aggressività (Ajuriaguerra, 1995, p. 70).

Le motivazioni che portano alla frustrazione possono essere di vario tipo:

- *Motivazioni economiche.* Ad esempio, un soggetto adulto sicuramente proverà una sofferenza difficilmente gestibile che si trasformerà in acredine, se non in violenta aggressività, nel momento in cui, pur avendo lavorato duramente per una certa ditta per molti anni, si troverà inaspettatamente e ingiustamente licenziato e, pertanto, sarà costretto ad affrontare gravi problemi finanziari.

- *Motivazioni affettive.* Non sono da meno le frustrazioni affettive: "Finalmente avevo trovato la donna / l'uomo dei miei sogni, con tutte le qualità che cercavo e invece … dopo pochi mesi, mi ha lasciato senza un valido motivo"; "Pensavo che essere padre/madre fosse una cosa bellissima e per essere un buon padre/ una buona madre, ho sacrificato tutta la mia vita, e invece … i miei figli non mi guardano nemmeno, intenti come sono ad andare in giro per il mondo e spassarsela con gli amici"; "Ho fatto tanto per la mia amica durante gli anni trascorsi insieme all'università e lei mi ripaga parlando male di me con tutti". Come afferma Bonino (2005, p.15): "… vi sono oggi grandi difficoltà a tollerare la frustrazione affettiva e a farvi fronte in modo non aggressivo". Queste difficoltà rimandano all'imperativo, così forte nella nostra cultura, di essere sempre persone di successo, in tutti i campi, primo fra tutti quello affettivo.

- *Motivazioni sociali.* Ad esempio: "Sognavo una fami-glia solida, sana e armonica come quella dei miei geni-tori, con una brava moglie, dei figli e una casetta tutta mia e invece ho visto distruggere e annullare le mie aspirazioni, solo perché mia moglie si è invaghita di quel pessimo soggetto!".

Le frustrazioni non eccessive favoriscono una maggio-re presa di coscienza, danno in maniera più chiara e netta il senso del limite all'Io, stimolano e intensificano la forza, la determinazione e l'impegno del soggetto nel ricercare la solu-zione del problema o della meta da raggiungere. Ciò migliora le capacità della persona nell'adattarsi al mondo che la circon-da, stimolandola a trovare le strategie più idonee a superare le delusioni.

Le frustrazioni eccessive o durature, invece, possono portare a una disorganizzazione psichica, la quale si evidenzie-rà con sintomi come la tensione, la conflittualità, l'ansia, le paure, l'inibizione, l'aggressività, la facile irritabilità, la disi-stima di sé, degli altri e del mondo nel quale il soggetto vive.

Una frustrazione è o non è eccessiva in conformità a molteplici fattori personali e ambientali. In generale è più faci-le che essa sia ben retta e gestita quando non è frequente, non è eccessivamente intensa, ma soprattutto quando la persona che la vive è abbastanza forte, solida e matura per riuscire a sopportarla.

Le frustrazioni possono essere *acute o croniche*, a se-conda che gli eventi che non ci hanno permesso di raggiungere uno scopo o un soddisfacimento si svolgano in un periodo di tempo breve oppure prolungato. Sia i bambini, sia gli adulti, affrontano meglio *le frustrazioni acute,* rispetto a quelle croniche, poiché, nelle frustrazioni acute, dopo la delusione, la rabbia e la collera, si cerca un rimedio, una mediazione, un aiuto o un sostegno esterno, che ci potranno sostenere nel superare il dolore e la delusione. Nella *frustrazione cronica,* invece, le possibilità di difesa sono progressivamente demolite, poiché l'ambiente in cui viviamo continua nel tempo a limitare il soddisfacimento dei nostri bisogni e desideri. Spesso, purtroppo, gli effetti della frustrazione cronica, che sono quelli più frequenti e numerosi, non creano allarme sociale o familiare, nonostante incidano negativamente in modo considerevole sulla psiche dell'individuo.

La frustrazione, dopo la sofferenza iniziale, può provocare tristezza e in seguito, anche la chiusura nei confronti delle situazioni o delle persone chi ci hanno deluso. Tuttavia questa chiusura può non limitarsi soltanto alle persone o alle situazioni che hanno provocato la frustrazione, ma può espandersi a tutto e a tutti. Come dire: "Se questa persona, se questo sentimento, se questa istituzione, ad esempio, il matrimonio, mi ha deluso, io non solo non voglio avere a che fare con questa persona, con sentimenti come questi o con l'istituto del matrimonio, ma chiudo e difendo la mia vita anche nei confronti di tutto ciò che queste cose rappresentano: l'amicizia, l'amore, la speranza, l'impegno, la fiducia, il piacere e così via".

Come nello stress anche nella frustrazione è importante l'elemento soggettivo. Pertanto lo stesso episodio può essere vissuto da persone diverse, in modo diverso, in base alle caratteristiche di personalità e ai vissuti del momento. Come dice Bonino (2005, p.14):

"La gravità della reazione aggressiva è in proporzione al grado di motivazione e investimento emotivo presente ma è anche in proporzione alle capacità resilienti di una persona. Vi sono pertanto degli uomini e delle donne capaci di resistere più facilmente alla frustrazione trovando in sé nuove e diverse strade più creative per raggiungere i propri scopi, nonostante gli ostacoli e altre persone che si abbattono e si deprimono oppure reagiscono con aggressività in seguito a frustrazioni anche minime.

Tuttavia, non sempre la reazione che consegue ad una frustrazione è la totale chiusura. Vi possono essere altri tipi di risposte, più reattive rispetto alla passività e alla chiusura, come la rabbia, la collera e l'aggressività. Naturalmente le frustrazioni più gravi sono quelle di natura affettivo – relazionale. Queste tendono a durare nel tempo, tanto che possono persistere anche per tutta la vita.

Queste considerazioni hanno notevoli implicazioni e spiegano perché le delusioni subìte nella prima infanzia possono portare nel bambino a dei quadri sintomatologici molto gravi, sia d'instabilità psicomotoria che di chiusura, mentre nell'età adulta la sofferenza subita nell'infanzia può comportare la presenza di sentimenti e manifestazioni aggressive.

Il trauma psichico

Diverso dalle frustrazioni e dagli stress è il trauma psichico. Così come il trauma fisico, può determinare una ferita o una lacerazione del corpo, allo stesso modo il trauma psicologico può provocare una lesione dell'organismo psichico per effetto di eventi che irrompono bruscamente in modo distruttivo senza che il soggetto sia in grado di rispondere in modo adeguato. Tale lesione può essere determinata da un unico evento o da un accumulo di eccitazioni singolarmente tollerabili che il soggetto non riesce a sopprimere o far defluire (*abreazione*) sfogandosi o elaborandoli (Galimberti, 2006, Vol. 3, p. 639).

Per lo stesso autore (Galimberti, 2006, Vol. 3, p. 640):

"L'effetto traumatico dipende dalla suscettibilità del soggetto, dalle condizioni psicologiche in cui si trova al momento dell'evento, dalle situazioni di fatto che impediscono una reazione adeguata, e dal conflitto psichico che impedisce al soggetto di integrare l'esperienza che gli sopraggiunge dall'esterno".

Conseguenze dei disturbi psicologici

Tutte le esperienze notevolmente stressanti, o peggio traumatiche, così come le deprivazioni affettive provocano, a livello psicologico, delle alterazioni e delle disfunzioni neuronali, che stimolano, tra l'altro, intensi sentimenti e comportamenti di ribellione e acredine, sia nei confronti delle singole persone, che in qualche modo riteniamo siano state o siano ancora causa della nostra sofferenza, sia nei riguardi della vita o del mondo che ci circonda. Tanto che i soggetti psicopatici giustificano spesso i loro comportamenti adducendoli all'ingiustizia di cui sono stati vittime (Pasini, 1993, p. 27). Scontrandosi con i problemi della vita, l'individuo può riuscire a trovare una soluzione realistica e positiva ai suoi problemi interiori, oppure dovrà affrontare il fallimento dei suoi tentativi. In questo caso egli cercherà di limitare gli effetti nocivi della frustrazione e del conflitto oppure si limiterà a scaricare la tensione mediante azioni irrazionali. Nel caso in cui questi

94

tentativi dovessero fallire, sarà costretto a subire gli effetti di una disorganizzazione e di un crollo psichico (Ackerman, 1968, p. 71).

I sentimenti e gli eventi negativi presenti nell'ambiente, tendono in ogni caso a lasciare, nell'animo sia dei minori sia degli adulti, delle tracce indelebili, che possono generalizzarsi, ampliarsi e allargarsi non solo nello spazio ma anche nel tempo. Quando durante la vita ritroviamo attorno a noi sentimenti di gioia, di amore o di fiducia, questi si allargano e si espandano anche a persone e ambienti sconosciuti. Allo stesso modo sentimenti frustranti, dolorosi, tristi, ansiosi o paurosi possono essere proiettati su persone, animali o cose assolutamente innocenti e innocui. Lo stesso avviene per quanto riguarda il tempo. Se ci accorgiamo che la nostra fiducia e stima verso gli altri sono state ben riposte, accettate, riconosciute e ricompensate, questo sentimento positivo si amplierà e si proietterà anche nel futuro. Se invece la nostra disponibilità e apertura verso il prossimo ci hanno lasciato nell'animo disillusione e sofferenza tenderemo e ci aspetteremo che gli stessi eventi si ripetano anche in futuro e ciò ci potrà stimolare a chiuderci in noi stessi o a guardare con diffidenza gli altri.

Naturalmente più la persona è piccola e più è stata gravemente ferita, più facilmente si realizzerà e si manterrà nello spazio e nel tempo l'ampliamento dei suoi vissuti interiori negativi. Per tali motivi ritroviamo sentimenti e comportamenti reattivi e aggressivi in molti disturbi psicologici presenti nell'infanzia (sindromi autistiche, sindrome oppositiva provocatoria, instabilità psicomotoria, disturbi del comportamento) ma anche nell'adolescenza e nell'età adulta (disturbi borderline di personalità, schizofrenia e così via). Tutte queste patologie spesso alterano profondamente il rapporto con gli altri, fino a metterlo in crisi o in serie difficoltà. Infatti, anche se solo il 10% delle persone violente ha chiari problemi psichiatrici, non vi è dubbio che la sofferenza psichica provochi frequentemente, anche se non sempre, sentimenti e comportamenti aggressivi.

La rivalsa

A volte la reazione aggressiva o violenta è giustificata dal senso di giustizia. La persona che ha subìto un torto o che ha assistito a un torto, avverte il bisogno di far pagare questo torto al colpevole di ciò. Anche in questo caso le persone più irritabili, reattive e vendicative sono anche le più disturbate sul piano psicologico, poiché vivono con angoscia ogni torto, fino a quando non riusciranno a consumare la loro vendetta.

Spesso questi soggetti, proprio perché hanno molto sofferto, sentono il bisogno di rivalersi nei confronti degli altri. Nel caso dei bambini, poiché la realtà esterna a loro è molto limitata e ristretta soltanto ai genitori e a qualche familiare, quando qualcuno di questi, con i propri comportamenti li ha fatti soffrire, poiché queste persone rappresentano per loro il mondo intero, è il mondo intero che viene inconsciamente o consciamente accusato di aver provocato la loro sofferenza ed è quindi nei confronti del mondo intero, senza alcuna distinzione, che viene proiettata a volte la chiusura, altre volte l'aggressività, il rancore e il desiderio di vendetta e rivalsa. Allo stesso modo è da ogni rapporto con il mondo intero che il soggetto vorrebbe gustare il piacere sadico di far del male a qualcosa o a qualcuno.

La maggiore sensibilità, suscettibilità e reattività

Un altro aspetto da non sottovalutare, che incide molto sui comportamenti aggressivi, è la conseguenziale presenza di un'accentuata sensibilità ed una spiccata suscettibilità ad ogni parola, gesto, commento che può essere inteso come una critica o un'accusa. Da ciò nasce una più facile, immediata e intensa reattività, nei confronti di ogni pur minimo atteggiamento disturbante o irritante proveniente dagli altri. Per Guèguen (2009, p. 98), la capacità di sopportare i giudizi e i commenti negativi è nettamente inferiore nei soggetti che sono stati o sono sottoposti a sofferenza, traumi o eccessivi e insopportabili situazioni stressanti. Insieme a ciò prevale anche una forte esternalità e impulsività.

Per Hacker (1971, p. 148) esistono persone ipersuscettibili giacché, essendo inconsciamente aggressive, proiettano la propria aggressività sugli altri. In definitiva sono iperaggressive in quanto, non rendendosi conto di questa proiezione, si sentono continuamente aggredite dagli altri.

Anche per Pasini (1993, p. 47):

"Le persone rabbiose e vendicative sono anche le più facilmente suscettibili. Proprio perché incapaci di contatto con il prossimo, si esprimono in comportamenti distruttivi e collerici. Si tratta d'individui vulnerabili che nella rabbia cercano sollievo al dolore procurato da ferite narcisistiche del presente e del passato".

In definitiva le persone che nella loro infanzia o comunque nella loro vita hanno, per motivi diversi, molto sofferto, sono spesso estremamente sensibili ai giudizi e ai comportamenti negativi degli altri, pertanto con facilità si offendono e si arrabbiano, reagendo con aggressività ad ogni minima contrarietà o atteggiamento irritativo proveniente dall'esterno. E ciò non solo perché tendono ad ingigantire gli atteggiamenti critici da parte degli altri, ma anche per la presenza di un minor controllo delle proprie pulsioni.

La difficoltà a perdonare

Le persone psicologicamente appagate, serene e tranquille non solo accettano più facilmente le critiche e le contrarietà ma anche, con più facilità, perdonano e dimenticano gli sgarbi e le offese ricevute. Invece le persone che hanno molto sofferto, più facilmente tendono a criticare gli altri, non accettano i loro scherzi, i loro giudizi critici e, se offesi, si chiudono in se stessi. In definitiva, i loro rapporti sociali sono scarsi, difficili e conflittuali (Barberi, 2016, p. 38).

Per lo stesso autore (Barberi, 2016, p. 38):

"...le persone e i gruppi coinvolti in episodi o situazioni di violenza verso se stessi o gli altri hanno un tratto comune estremamente specifico: sono sostanzialmente incapaci di reggere le situazioni di grave contrarietà". Questi soggetti presentano in definitiva una carenza conflittuale cioè una: "...mancanza di quelle componenti personali e sociali che ci consentono di percepire il contesto critico come sostenibile e non come una minaccia o un pericolo". "La persona con grave carenza conflittuale manifesta un comportamento violento anche in assenza di particolari tensioni e senza seguire la logica dell'escalation" (Barberi, 2016, p. 38)". Basta poco per avere un comportamento violento. In questi soggetti, anche se non è presente alcuna situazione di conflitto, vi può essere lo stesso una risposta violenta. Per lo stesso autore: *"Il violento, quindi, non è un litigioso. Al contrario, è una persona intollerante al litigio, dominato dall'idea che nessuno lo deve turbare"* (Barberi, 2016, p. 38).

Le difficoltà nelle relazioni di coppia

Da quanto abbiamo detto è facile comprendere che, nelle relazioni di coppia, la presenza di un animo sereno, fiducioso, allegro, affettuoso e disponibile, favorisce l'intesa amorosa, mentre al contrario l'esistenza di disturbi psicologici, specialmente se importanti e coinvolgenti, rende più difficili, se non impossibili, non solo una buona comprensione reciproca ma anche i più elementari e semplici momenti di sereno dialogo. In particolar modo sono alterate profondamente proprio le relazioni con le persone con le quali questi soggetti vorrebbero stabilire un rapporto intimo, pieno e profondo. Pertanto, le giornate di queste coppie sono frequentemente costellate da continui battibecchi, che non risolvono nulla e da litigi che nascono per futili motivi. Questa intrinseca difficoltà porta a dividere e allontanare sempre più gli elementi della coppia. Tanto che alcuni mariti o mogli preferiscono restare a lavorare fuori casa, piuttosto che soffrire ascoltando i continui rimbrotti e le continue accuse e lagnanze del coniuge.

I sentimenti di tristezza e depressione

L'altro elemento, spesso evidente, è legato ai sentimenti di tristezza se non di vera depressione che facilmente insorgono a causa delle sofferenze subìte da queste persone nel loro passato. Questo malinconico e triste modo di avvertire e vivere gli altri, le proprie esperienze e il mondo circostante, possono stimolare le persone che ne soffrono a chiudersi in un mondo fatto di apatia, astenia, sensi di colpa e indegnità. Mentre, in altri casi e in altri momenti, vi possono essere dei tentativi di ricercare qualche raro, effimero piacere. Il poter esprimere collera e violenza permette loro di uscire dalla nera depressione e oppressione nella quale vivono costantemente, sentendosi, almeno per qualche momento, più vive e vitali. Entrambi questi comportamenti tuttavia spingono gli altri ad allontanarle, giudicandole pigre e apatiche oppure a reagire negativamente verso di loro. Ciò, in definitiva, peggiora il malessere psicologico e accentua i comportamenti irritanti e aggressivi di queste persone.

I sensi di colpa

Un altro elemento da non sottovalutare è il senso di colpa, conscio e inconscio, frequentemente avvertito quando il soggetto cerca in tutti i modi di reprimere o cancellare le pulsioni e i desideri aggressivi nei confronti delle persone che avrebbe dovuto o che dovrebbe amare e rispettare, come possono essere i propri genitori, il proprio consorte o i propri figli. Per diminuire tali sensi di colpa spesso le persone psicologicamente disturbate utilizzano degli atteggiamenti irritanti e arroganti, pur di sollecitare l'altro a dei comportamenti violenti e aggressivi nei loro confronti. In tal modo cercano di contribuire a bilanciare, almeno in parte, i loro sensi di colpa cosicché possano sentirsi in pace con la propria coscienza. Come dire: "Io non sono cattivo, sono gli altri che lo sono; il mio comportamento è strettamente connesso agli atteggiamenti aggressivi degli altri". Il caso classico è quello del tradimento. Per lo stesso motivo a volte la persona che tradisce irrita il partner fino a fargli perdere le staffe, così da poter giustificare a sé e agli altri il proprio comportamento.

Le difficoltà di dialogo

Tutti i disturbi psichici rendono difficile il rapporto e il dialogo con gli altri, oltre che con se stessi. Non potendo dare ciò che non si è avuto, si alterano o diminuiscono, insieme al dialogo, anche le capacità di cura e tenerezza che, ricordiamolo, insieme alla sessualità, sono i collanti delle relazioni di coppia. È difficile, a causa dei problemi personali, ascoltare e accettare l'altro. È difficile rendersi disponibile nella cura dell'altro. Allo stesso modo è difficile riuscire a mediare con l'altro, valorizzare l'altro o ricercare la soddisfazione nell'altro. Inoltre, spesso queste persone con disturbi psichici, non riuscendo a valorizzare l'uso delle parole, per risolvere le controversie preferiscono andare a vie di fatto.

L'accentuazione dei bisogni

I bisogni di una persona che ha molto sofferto, oltre che difficilmente comprensibili, sembrano infiniti. Pertanto non possono in alcun modo essere tutti soddisfatti. In questi casi è un continuo lamentarsi di ciò che l'altro dà o non dà; fa, non fa, o del modo con il quale l'altro si comporta. Per capire questa fame inesauribile di comportamenti adeguati bisogna riflettere sul fatto che nessuno può ridare ad un figlio o ad una figlia l'amore o il rispetto per i loro bisogni ed esigenze che sono stati loro negati durante l'infanzia. Nessuno può ridare ad un figlio un padre e una madre poco presenti, se non totalmente assenti. Nessuno è in grado di dare l'accoglienza e l'ascolto mai avuti. Pertanto le richieste sono non solo numerosissime, ma tendono a protrarsi indefinitamente nel tempo.

Le difficoltà sessuali

Quando sono presenti delle evidenti problematiche psicologiche si accentua l'insoddisfazione nella relazione di coppia, anche perché spesso, nelle patologie psichiche, è coinvolta la sessualità. Questa può assumere aspetti inusuali o patologici. Nell'uomo è spesso presente l'eiaculazione precoce o l'impotenza che alterano o rendono impossibile una sessualità ricca e soddisfacente. Nella donna può presentarsi la frigidità, che rende insopportabile ogni approccio relazionale che abbia, anche minimamente, delle componenti sessuali. Inoltre, se un qualche rapporto è accettato, piuttosto che viverlo con gioia e gratitudine è giudicato sporco e sconveniente o addirittura frutto di violenza. Inoltre in entrambi i sessi, la sessualità può essere vissuta in maniera patologica per la presenza di parafilie che se accettate sia dall'uomo sia dalla donna possono essere gratificanti e unire i due partner ma se, come spesso succede, sono desiderate e richieste solo da uno dei due, sono vissute dall'altro come degli insopportabili atti di violenza.

I comportamenti sadomasochistici

Alcune persone con problematiche psicologiche, nella loro ricerca di momenti di serenità hanno bisogno di liberarsi della loro tensione e del loro malessere interiore mediante comportamenti pungenti, irritanti se non chiaramente aggressivi e distruttivi. Si dice spesso che queste persone trovano la loro identità nell'aggressione. Io direi che è più esatto dire che queste persone ricercano, mediante l'aggressione esterna, dei momenti di serenità e pace interiore. L'aggredire, l'irritare, il creare scompiglio, l'usare un tono polemico, esasperante, su ogni parola che l'altro dice o su ogni cosa che l'altro fa o non fa, serve a scaricare e a ridurre la loro tensione interiore, che risente dei problemi o delle carenze del passato, senza spesso avere alcuna relazione con la realtà attuale la quale, in definitiva, è usata per raggiungere lo scopo di cui sopra. Tuttavia il loro partner investito dall'aggressività, a volte motivata solo da minimi pretesti, se non totalmente ingiustificata, ha difficoltà ad essere indifferente, per cui risponderà con comportamenti altrettanto aggressivi e irritati. S'instaura così una relazione sadomasochistica nella quale sono usati tutti i mezzi di difesa e di offesa. Pertanto viene sconvolta la relazione di coppia, con esiti sicuramente disastrosi. Pertanto il dialogo, anche se inizialmente era presente e valido, se alcune volte s'interrompe per breve tempo, nei casi in cui i momenti di esasperazione diventano frequenti rischia di interrompersi per sempre.

La diminuzione dell'autostima

Se una persona, proprio per i problemi che l'affliggono, non si piace, non si stima, non ha fiducia in se stessa, difficilmente può amare e aver stima dell'altro. Per tale motivo le relazioni amorose appena iniziate finiscono molto presto mentre, in altri casi, non cominciano neanche. Tuttavia queste persone che hanno scarsa autostima, se a volte si chiudono in sé e rinunciano a cercare delle relazioni amorose, altre volte insistono ed esasperano i partner che li hanno rifiutati e allontanati, non accettando il loro rifiuto.

Le cause dei disturbi psicologici

Famiglie sane e funzionali

Buona parte della serenità ed equilibrio interiore risiede nell'ambiente di vita del bambino e quindi, soprattutto nella sua famiglia. Se questa presenta delle buone caratteristiche riuscirà ad adoperarsi efficacemente nella strutturazione della personalità dell'Io dei minori presenti in essa e a lei affidati, giacché sarà capace di educare le nuove generazioni utilizzando un ambiente affettivo - relazionale ricco di serenità, stabilità, ascolto, dialogo e comprensione reciproca.

Nelle famiglie sane e funzionali l'amore caldo, gioioso e sicuro, presente nei genitori e negli altri adulti, facilita questa funzione, permettendo di offrire alle nuove generazioni la fiducia, la sicurezza, la serenità e la continuità che queste ricercano e si aspettano. Gli apporti di una famiglia sana e funzionale sono in grado di sviluppare e far crescere persone umane con un'armonica personalità e una ricca identità: persone quindi, non solo intelligenti e capaci, ma anche equilibrate, serene, mature e responsabili.

Una famiglia con caratteristiche adeguate ai suoi compiti riesce, mediante l'educazione e l'esempio, a far maturare nei minori le capacità necessarie per una buona ed efficace integrazione e socializzazione, poiché in quest'ambiente affettivamente sano ed equilibrato i minori sono profondamente rispettati, ma sono anche educati a rispettare gli altri. Accettando e rispettando le idee, i pensieri e i desideri degli adulti, le nuove generazioni hanno la possibilità di saper ben comunicare e dialogare. Queste qualità a loro volta faciliteranno molto tutti i processi e i livelli d'integrazione: inizialmente con i genitori, poi con gli altri familiari e infine con gli estranei.

Giacché all'interno di una famiglia sana e funzionale è attuato il miglior tirocinio verso la comunità, i minori sono stimolati ad essere responsabili e a limitare i propri desideri, imparando a confrontarli con i bisogni altrui e sono altresì capaci di riconoscere nei propri comportamenti le conseguenze positive o negative che da questi potrebbero scaturire nei confronti degli altri familiari, ma anche nei confronti dell'umanità in generale. In definitiva, in questo tipo di famiglia le nuove generazioni riescono a comprendere che la vera libertà si nutre di responsabilità e rispetto nei confronti di se stessi e degli altri.

Inoltre, questo tipo di famiglia è in grado di offrire a tutti i suoi membri, protezione e riparo dai pericoli esterni, così da essere porto sicuro nei confronti dei fattori negativi presenti nell'ambiente sociale. Inoltre riesce a costruire e tener viva una rete affettiva ricca, attiva, partecipe, collaborante: una rete in grado di supportare i genitori e che, nello stesso tempo, sa adoperarsi con delicatezza e attenzione nell'educazione dei minori in essa presenti.

Una famiglia sana e funzionale è in grado di sostenere e aiutare ogni suo membro nei momenti più difficili e delicati della propria esistenza: nelle inevitabili fasi di transizione della vita, negli eventi stressanti, nei casi di disabilità, nelle malattie, nella vecchiaia, in caso di lutto o in presenza di gravi difficoltà. In definitiva questo tipo di famiglia è in grado di assistere e curare, mediante la presenza amorevole e attenta degli adulti responsabili, non solo i minori, ma anche gli anziani, le persone sole, i disabili e gli ammalati che ne fanno parte.

Una famiglia con le caratteristiche che abbiamo descritto è capace, inoltre, di procurarsi i necessari beni materiali indispensabili alla sua vita personale e sociale, senza trascurare le funzioni affettive e relazionali. Inoltre, poiché almeno un terzo dell'identità e dei ruoli sessuali sono affidati all'ambiente affettivo relazionale nel quale il bambino vive, la famiglia sana e funzionale è in grado di sviluppare nelle nuove generazioni delle corrette identità e ruoli sessuali: identità e ruoli sessuali che sono indispensabili per instaurare con l'altro sesso dei sani e sereni rapporti amorosi.

In definitiva, se un maschio acquisterà piena e completa identità e ruolo sessuale, così da poter offrire alla donna amata e poi ai figli, gli importanti e ricchi doni della mascolinità come la forza e il coraggio, la determinazione e la comprensione, la coerenza e la linearità, sarà soprattutto merito della famiglia nella quale questi è vissuto è si è formato come uomo. Allo stesso modo, se una donna acquisterà piena e completa identità e ruolo sessuale, così da poter offrire all'uomo amato, ai figli e alla società le sue doti di femminilità come la dolcezza e la capacità di ascolto, la comprensione e la tenerezza, le capacità di cura e l'accoglienza, sarà soprattutto merito della famiglia nella quale è vissuta e si è formata come donna.

In definitiva una famiglia sana e funzionale riesce a dare ad ogni suo membro ciò di cui ha bisogno e ciò di cui necessita, sia in campo materiale, sia in campo educativo e affettivo. Pertanto se le future generazioni saranno forti, ricche di beni materiali, culturali, spirituali e materiali, sarà soprattutto merito di questo tipo di famiglie.

Famiglie malate o disfunzionali

Al contrario, le famiglie malate o disfunzionali **non** sono capaci di svolgere una o più delle essenziali funzioni appena descritte.

Poiché nei genitori ma anche negli altri familiari sono presenti ruoli confusi, contraddittori e spesso conflittuali e vi è scarsa attenzione e coinvolgimento nei bisogni degli altri, in questo tipo di famiglie sono frequenti le esplosioni di aggressività; le fughe dalle responsabilità e dagli impegni intrafamiliari; le difficoltà ad instaurare una comunicazione efficace e indifferenza o scarsa attenzione ai bisogni, soprattutto di tipo affettivo relazionale verso alcuni o nei confronti di tutti i suoi componenti.

Mancano in queste famiglie malate e disfunzionali la disponibilità all'accoglienza, il necessario calore emotivo, la possibilità di soddisfare i bisogni affettivi mediante un dialogo vero e profondo. Così come manca il piacere dello stare insieme e del gioco. Sono frequenti gli atteggiamenti e i comportamenti educativi errati, quali le punizioni e rimproveri eccessivi o troppo frequenti o al contrario sono attuati troppi comportamenti permissivi, che non danno la possibilità all'individuo d'introiettare i giusti valori e le sane regole del vivere sociale. Queste famiglie presentano in definitiva importanti e costanti carenze affettive. Pertanto i vari soggetti presenti in esse non si sentono accettati, valorizzati, amati.

In queste famiglie i minori spesso sono costretti ad assistere e vivere delle relazioni poco serene, fatte di prolungati e frequenti conflitti tra i propri genitori oppure sono costretti a subire gli stress e i traumi dovuti a separazioni, divorzi o precoce inserimento fuori dalla famiglia, in asili nido pubblici o privati. Queste relazioni e situazioni familiari non felici apportano un grave disagio ai soggetti in età evolutiva, nei quali le paure della perdita affettiva, dell'abbandono, della non cura, della solitudine, si sviluppano e accentuano quando attorno ad essi non è presente la necessaria stabilità. Si sottovaluta ampiamente in questi casi la complessità dello sviluppo umano che richiede per molti, molti anni, degli armoniosi, precisi, intensi e continui punti di riferimenti affettivo - relazionali.

Nelle famiglie disfunzionali troviamo inoltre la presenza di persone che presentano disturbi psichici importanti, dai quali è difficile non essere influenzati. Queste persone non lasciano ai minori quel sufficiente spazio vitale che possa permettere al loro Io di esprimersi e affermarsi, a causa della loro ansia che si può manifestare nella vita d'ogni giorno con immotivate paure e per una molteplicità di eventi e situazioni. Ansia che si può diffondere su tutta la loro famiglia, sconvolgendo, come un vento impetuoso, l'animo delle persone coinvolte. I soggetti che soffrono di importanti disturbi psichici con facilità possono trasmettere nell'ambiente la loro malinconia, la loro tristezza, nonché l'apatia e l'astenia della quale possono soffrire. Questi sintomi depressivi possono diffondersi, come un fiume nero e vischioso, in ogni relazione affettiva da loro intrapresa. E ancora, come non soffrire a causa dell'aggressività, della disforia, dell'irritabilità o della grande variabilità d'umore, presente nei soggetti con turbe psichiche, quando queste rendono difficile, se non impossibile, il dialogo, l'ascolto e la relazione?

In definitiva quando un bambino vive accanto a dei familiari, soprattutto a dei genitori, che presentano disturbi ansiosi, depressivi, difficoltà di comunicazione e altre patologie importanti, con facilità la loro psiche potrà essere turbata da quest'ambiente non fisiologico al suo sviluppo. Per tali motivi è limitativa e parzialmente reale l'immagine che frequentemente viene diffusa dei genitori di un bambino o di un adulto aggressivo, e cioè quella di un genitore che malmena fisicamente o abusa sessualmente del figlio. Queste dolorose realtà, per fortuna, sono presenti solo in pochi casi. La sofferenza che frequentemente subiscono questi bambini è fatta di un male più sottile e meno visibile, del quale i genitori non sono coscienti e che è difficilmente rilevabile dall'esterno.

I segnali della disintegrazione e della scarsa funzionalità presenti nelle famiglie malate o disfunzionali coprono un ampio e variegato ventaglio di patologie psichiatriche e sociali. Frequenti sono nei suoi membri, soprattutto nei più piccoli, le paure, i disturbi del sonno e delle condotte alimentari, le lamentele per i disturbi fisici (cefalea, dolori addominali, vomito), le crisi di rabbia, le esplosioni emotive improvvise di aggressività verso gli adulti, i coetanei, gli oggetti e gli animali, o anche contro se stessi (autolesionismo). Sono inoltre evidenti nei minori le difficoltà nella comunicazione e nella socializzazione, i problemi nell'apprendimento, gli atteggiamenti oppositivi – provocatori, le fughe ma anche i comportamenti immaturi o le regressioni a delle fasi evolutive precedenti.

Anche nei giovani la presenza di una famiglia disfunzionale provoca numerose e gravi manifestazioni: chiusura in se stessi o nel branco; profitto scolastico scadente; condotte asociali o antisociali; fenomeni autodistruttivi e di sballo mediante l'abuso di alcool o droghe; una vita sessuale ed affettiva senza una reale progettualità e senza alcuna responsabilità sia verso gli altri che verso se stessi; disturbi del comportamento, delle condotte alimentari o dell'identità e del ruolo di genere. E ancora presenza di fughe, randagismo, sciatteria e aggressività, senza alcuna evidente motivazione; scarsa progettualità, anche solo di tipo lavorativo; diminuzione delle ore di sonno o perdita del sonno ristoratore; minore capacità d'attenzione e concentrazione; tentativi di suicidio; euforia alternata alla depressione; sensi di colpa o sentimenti d'indifferenza verso gli altri e verso i propri comportamenti; noia, apatia, astenia. Queste problematiche, trasferite nel contesto sociale, creano un danno economico e di funzionalità del sistema tanto più grave quanto più numerosi e importanti sono i problemi di questi giovani.

Le famiglie malate e disfunzionali, infine, non sono in grado di sviluppare adulti con identità sane e corretti ruoli sessuali, indispensabili per i rapporti d'amore da vivere con l'altro sesso ma anche nelle relazioni con i futuri figli. Per tale motivo gli uomini che si svilupperanno rischiano di essere deboli, insicuri, immaturi, fragili, scarsamente determinati o al contrario eccessivamente aggressivi e violenti, mentre le donne frequentemente saranno irritabili, ansiose, nervose, aspre, dure, incapaci di cura, tenerezza, accoglienza e ascolto.

Tutte le problematiche psichiche sono in netto aumento nell'attuale ambiente sociale, a causa delle notevoli carenze educative e a motivo del mancato rispetto della fisiologia del bambino durante la sua crescita.

Queste problematiche psicologiche sono soprattutto in aumento nelle coppie che intraprendono un cammino amoroso e sessuale poiché, quando si formano delle unioni affettive, manca qualsiasi filtro familiare o sociale che impedisca ai soggetti affetti da problematiche psichiche di legarsi con altre persone mediante il vincolo coniugale o semplicemente mediante una convivenza dalla quale possono nascere dei bambini, i quali, inevitabilmente, saranno influenzati dai disturbi psichici presenti in uno o in entrambi i genitori. Per tutti i motivi che abbiamo sopra elencato, quando era proposto un legame amoroso, il primo e più importante impegno della famiglia e della società era quello di scegliere per questo scopo dei giovani con scarse o assenti problematiche psicologiche, che avrebbero potuto rendere complesso non solo il rapporto tra i coniugi ma anche alterare e sconvolgere il dialogo e il rapporto educativo con i figli e la famiglia allargata.

In passato faceva da filtro la voce popolare che, conoscendo le caratteristiche di personalità dei giovani, sapeva suggerire e indicare quale ragazzo o ragazza aveva le qualità indispensabili per gestire una famiglia e un rapporto di coppia e chi invece non era in grado di fare ciò. Fungevano da filtro i genitori e i parenti dei due giovani i quali, essendo ritenuti responsabili della riuscita del legame e delle caratteristiche dei figli che proponevano in matrimonio, erano stimolati a selezionare chi era in grado di sposarsi e chi non era conveniente che facesse questo passo importante. Questi due filtri, quello sociale e quello familiare sono oggi totalmente assenti, in quanto sono i giovani che si cercano, si scelgono, decidono se avere o non avere rapporti sessuali, se avere o non avere figli, ma anche quale tipo d'unione stabilire tra loro: se di convivenza, di matrimonio o di semplice affettuosa amicizia. In definitiva, la piena e completa libertà sentimentale e sessuale presente nelle moderne società occidentali concede a tutti, anche alle persone più disturbate psicologicamente, di iniziare e portare avanti delle relazioni amorose e sessuali chiaramente patologiche, con conseguenze devastanti per i singoli elementi della coppia, per i figli, per le famiglie interessate e per la società nel suo complesso.

A volte si spera che la vita di coppia curi l'immaturità o i disturbi psicologici. Ciò è vero, ma solo in parte. Un buon rapporto amoroso può migliorare un lieve problema psicologico ma certamente non lo elimina, né lo risolve.

Supervalutazione delle nostre possibilità e capacità

Frequenti cause di stress e frustrazione vanno anche ricercate nella scarsa consapevolezza dei nostri limiti fisici e psicologici e nella contemporanea supervalutazione delle nostre possibilità e capacità.

Molti di noi, se non proprio tutti noi, desidereremmo avere qualità e capacità speciali ed eccezionali. Pertanto i video-giochi, i fumetti, i film e i telefilm, dov'è presente qualche super eroe, sono seguiti e amati non solo dai bambini ma anche dagli adulti, i quali rimangono estasiati nell'assistere alle incredibili performance di donne e uomini che compiono imprese strabilianti, identificandosi con essi. Donne e uomini più simili agli dei, che non ai comuni mortali. Se poi dai mezzi di comunicazione di massa ci viene frequentemente suggerito che le nostre potenzialità sono molto superiori rispetto a quelle normalmente utilizzate nella vita di ogni giorno, il gioco è fatto: noi siamo certi di poter fare sempre di più e sempre meglio. E guai a chi cerca di ridimensionare i nostri sogni e le nostre aspirazioni suggerendoci ad esempio di fare "poche cose bene, piuttosto che tante cose male"!

Ciò vale per entrambi i sessi, ma da qualche decennio in questo bagno d'illusioni sono state immerse fino al collo le donne. Queste, secondo tante persone anche colte, come giornalisti, sacerdoti e studiosi della psiche umana, avrebbero tante e tali qualità da permettersi di affrontare una moltitudine d'incombenze quotidiane senza alcun problema. Il cosiddetto "genio femminile" e le strabilianti capacità *"multitasking"*, consentirebbero alle donne di affrontare con la stessa grinta, con lo stesso successo e senza particolari difficoltà, una molteplicità d'interessi, attività ed impegni.

Ogni donna potrebbe tranquillamente occuparsi dei propri figli, seguendoli attentamente nei vari momenti della vita. Potrebbe quindi allattarli con amore quando sono piccoli, educarli negli anni della loro crescita, seguirli negli apprendimenti scolastici, aiutarli nei momenti di difficoltà della loro esistenza. Ma ciò non basta. Le stesse donne, contemporaneamente, sarebbero però anche in grado di essere figlie attente ed affettuose verso gli anziani genitori, nonché consorti, compagne o fidanzate appassionate nei confronti dei loro uomini, così da offrire a questi non solo l'ascolto e le attenzioni necessarie ma anche l'amicizia e l'instancabile sostegno per affrontare le avversità della vita. Inoltre, sempre le stesse donne, se ben motivate, fuori dalle loro case e dalle loro famiglie, sarebbero in grado di dedicarsi in maniera efficiente, con intelligenza e capacità a qualunque tipo di lavoro da loro scelto, così da offrire alla società il proprio prezioso apporto.

Se, ad esempio sono chiamate a svolgere in una scuola la preziosa attività di docenti, saranno sicuramente pronte ad ascoltare, insegnare e seguire per molte ore ogni giorno con amore, pazienza e dedizione gli alunni a loro affidati. Se invece vorranno dedicare il loro impegno alla produzione di beni e servizi, presso qualche fabbrica o presso un ufficio pubblico o privato, non mancheranno certo di offrire alle ditte e alla società il prodotto delle loro mani e del loro ingegno. Se poi vorranno svolgere dei compiti ancora più ardui, stressanti e fisicamente impegnativi, compiti che un tempo erano eseguiti solo dal sesso forte, come pilotare un aereo o condurre, da militari, qualche importante, ardua e pericolosa missione all'estero, non si tireranno certamente indietro e utilizzeranno tutte le loro personali doti fisiche e psichiche per portare a buon fine ogni compito ad esse affidato. Insomma a ogni donna tutto dovrebbe essere possibile e tutto potrebbero far bene, se solo venissero a lei concessi, da parte della società, la necessaria disponibilità, fiducia e sostegno.

Lo stesso discorso potrebbe valere per gli uomini, se questi riuscissero a scrollarsi di dosso una certa innata pigrizia ma anche la nostalgia del bel tempo antico. Vizi questi che tendono a legarli e restringerli a vecchi e sorpassati ruoli. Anche loro, come le donne, potrebbero contemporaneamente essere in grado di allevare ed educare i bambini anche piccoli; cucinare e attivarsi in tutti i lavori di casa; essere entusiasti, divertenti e ottimi compagni per le loro donne, e certamente non mancherebbero di assistere amorevolmente i propri genitori, oltre ad offrire, naturalmente, il loro ingegno anche nel campo del lavoro, nell'agone politico, nel sindacato. Infine perché no? nel tempo libero potrebbero impegnarsi anche nel volontariato!

I benefici immaginati e sognati che, almeno in teoria, si potrebbero ricevere da una molteplicità d'impegni sono tanti:

- Si potrebbero ottenere maggiori gratificazioni.

- Si avrebbe la possibilità di produrre maggiore ricchezza, così da offrire alla società e alle nuove generazioni migliori possibilità culturali, sociali ed economiche.

- Utilizzando le varie esperienze offerte dalle attività intraprese, ci si potrebbe arricchire sia materialmente che culturalmente.

Nonostante questi benefici sembrino a prima vista concreti e a portata di mano, tuttavia non sempre le cose procedono come desiderato, cercato e sperato. I motivi sono tanti.

1. Innanzi tutto il tempo necessario per fare tutto quanto si vorrebbe e si è stimolati a fare, spesso non c'è e quando si riesce a ritagliarlo, si ha spesso la netta sensazione che si tratti appunto di "ritagli", che ci si affanna a dedicare a se stessi, ai figli, ai vecchi genitori, al lavoro, alla politica, alle amicizie, agli amori ecc. E con i ritagli, lo sanno bene le sarte, è difficile confezionare un vestito che si rispetti, tranne che non si voglia cucire un ridicolo abito d'Arlecchino, buono soltanto a far ridere gli amici durante le feste di carnevale.

2. Spesso, quando le nostre occupazioni e i nostri impegni sono numerosi ed eccessivi e rincorriamo il tempo che tuttavia avvertiamo sfuggirci di mano, ci rattristiamo e disperiamo, notando che le nostre azioni mancano dell'entusiasmo, dello spessore e della ricchezza necessari. Insomma, avvertiamo chiaramente di non riuscire ad andare oltre la superficie delle cose e delle relazioni. Ciò è più evidente e pregnante quando siamo costretti a occuparci più di persone che non di oggetti. In questi casi siamo ben consapevoli di non avere

il tempo necessario per tessere amori e relazioni profonde, attenzioni e legami solidi e proficui. In questi casi siamo costretti a constatare che la stanchezza e lo stress accumulati, giorno dopo giorno, ci impediscono di dialogare e ascoltare gli altri con la serenità e la disponibilità necessarie. Stress, stanchezza e fretta ci rendono inoltre difficile approfondire i problemi che di volta in volta dovremmo saper affrontare e risolvere. In definitiva ci accorgiamo con sgomento che queste relazioni sono carenti non solo nella quantità ma anche nella qualità.

3. Quando siamo impegnati oltre le nostre possibilità psichiche e fisiche, ci accorgiamo ben presto con sgomento che le gratificazioni sperate vanno in fumo, mentre aumentano sia gli insuccessi che le frustrazioni. Anche perché, prima o poi, gli altri ci faranno notare o ci rinfacceranno in maniera brutale più le nostre carenze che i nostri successi. Ad esempio, ci rinfacceranno l'ansia con la quale ci relazioniamo, la fretta eccessiva e la superficialità con la quale cerchiamo di affrontare i vari impegni. Ce lo faranno notare i nostri figli: "Perché, mamma, corri sempre anche quando sei a casa e non parli e giochi mai con me?" "Perché papà è sempre in ufficio fino a tardi e non lo vedo se non la sera, per il bacio della buona notte?" "Perché quando la mattina dobbiamo alzarci dal letto gridate

sempre e ci fate tanta premura?" Ce lo rinfacciano i nostri partner, il marito, la moglie, il nostro compagno, la nostra compagna, la fidanzata, il fidanzato: "Non ti vedo mai e quando sei con me, sei sempre di fretta e hai la testa tra le nuvole". "Perché tieni sempre tra le mani questo tuo maledetto Smart fon? Non ti accorgi di accarezzare più lui che me?". "Perché pensi sempre al tuo lavoro, anche quando siamo insieme?". Si lamentano anche i nostri anziani genitori che ci supplicano con le lagrime agli occhi di essere un po' più presenti, così da poter alleviare la loro solitudine. Lo faranno notare in ufficio i nostri superiori quando ci scoprono disattenti, stanchi, ansiosi o con la mente che vaga lontana dal lavoro da svolgere e per cui siamo pagati, tanto che sono costretti a riprenderci: "Cos'ha, ragioniere? Perché mi guarda e non sembra ascoltare quanto le dico? Come mai ha commesso tanti imperdonabili errori per i quali meriterebbe il licenziamento?" Gli alunni descrivono in questi termini ai loro genitori i comportamenti della loro insegnante che ama fare mille cose: "Anche oggi, mamma, la maestra era nervosissima e sgridava tutti, non capisco perché? Anch'io ho pianto sentendola gridare come una pazza". Se siamo medici, lo fanno notare i nostri pazienti. "Io le parlo dei miei malanni e lei, dottore, non mi visita affatto, anzi non mi guarda neppure e pensa solo a scrivere ricette!"

4. D'altra parte, le speranze e i sogni di maggiori entrate economiche spesso vanno in fumo, poiché per i datori di lavoro, avendo a disposizione una marea di richieste, piuttosto che dare dei buoni stipendi a pochi, è fin troppo facile diminuire gli stipendi e offrire retribuzioni da fame a molti.

La realtà che non riusciamo ad affrontare è che la possibilità di moltiplicare le nostre energie tra casa, figli, lavoro, impegni sociali, attività ludiche, in modo tale che nessuno ne soffra, è più un'illusione che qualcosa di concreto e reale.

La realtà che non vogliamo assolutamente prendere in considerazione e non accettiamo è che le nostre energie fisiche e psichiche sono limitate. Pertanto quando abusiamo di esse e cerchiamo di strafare negli impegni, è molto difficile se non impossibile fare tutto e bene, poiché la fatica e l'ansia che dobbiamo gestire ci limitano e bloccano in modo inesorabile.

Sono numerose le difese che spesso mettiamo in atto pur di non accettare che ci stiamo impegnando al di sopra delle nostre possibilità e dei nostri limiti.

La prima difesa, che oggi è molto utilizzata, anche se pochi sono disposti ad ammetterlo, è quella di fingere, prima davanti a noi stessi e poi di fronte agli altri, di poterci e saperci occupare di tutto, quando invece riusciamo a fare male anche le cose più semplici.

In questi casi simuliamo di impegnarci in mille occupazioni, mentre in realtà, consciamente o inconsciamente abbiamo fatto delle precise scelte. Scelte delle quali però ci vergogniamo e che non siamo disposti ad ammettere neanche sotto tortura. Pertanto utilizziamo buona parte delle nostre energie fisiche e psichiche per affrontare alcune attività, ad esempio il lavoro, mentre consciamente o inconsciamente abbiamo deciso di trascurare la famiglia o, al contrario, dedichiamo le nostre migliori energie alla famiglia, mentre trascuriamo il lavoro o gli altri impegni.

Spesso utilizziamo il sistema delle deleghe: siamo padri e madri ma i nostri figli sono curati, ascoltati, assistiti ed educati da altri: dalle baby sitter, dal personale dell'asilo nido, della scuola materna, dall'insegnante di doposcuola e così via. Siamo figli che dovrebbero occuparsi dei loro anziani genitori, ma affidiamo l'assistenza e la cura di questi alle badanti o a qualche casa di riposo. Dovremmo cucinare per la famiglia, ma non abbiamo tempo e compriamo i cibi surgelati, già preparati o addirittura già cotti. Siamo impiegati dello stato, ma cerchiamo in tutti i modi di non andare al lavoro utilizzando mille espedienti. Siamo impiegati in una qualche ditta privata, ma sappiamo come far impegnare al nostro posto qualche novellino trimestrale che darebbe l'anima per essere assunto, mentre noi ci distendiamo giocando e chattando al computer o con lo Smart - fon.

Un'altra difesa consiste nel colpevolizzare gli altri delle nostre mancanze e delle nostre responsabilità. In questi casi i più bersagliati sono le persone che ci stanno vicine: la moglie o il marito; la compagna o il compagno; i figli o i genitori, i colleghi di lavoro o i superiori. Tutti questi, biasimiamo ingiustamente per essere indolenti, pigri e poco avvezzi a mettersi in gioco nelle mille occupazioni quotidiane e li critichiamo accusandoli di essere poco disponibili nel sostenerci, aiutarci o sostituirci, quando serve e quando riteniamo sia necessario.

Pertanto se siamo sposati o conviventi, la frase più frequente è: "Io potrei fare tutto e bene se soltanto lui o lei collaborasse con me di più". Se si è separati, questa difesa è ancora più facile: "Non riesco a fare tutto e bene a causa del mio ex, che pensa solo a divertirsi con la sua nuova fiamma e non si occupa per nulla dei nostri figli". In altri casi la responsabilità è accollata ai figli, che non collaborano con il necessario impegno e l'indispensabile sollecitudine; ovvero ai figli che non ubbidiscono, sono indolenti e ci costringono a rallentare ogni attività che vorremmo intraprendere. L'accusa può essere rivolta anche ai propri genitori, che non s'impegnano sufficientemente nella cura dei nipoti o che sono sempre troppo permissivi o incapaci di ben educare i piccoli a loro affidati o che si lamentano di tante malattie immaginarie pur di farci perdere tempo.

Se proprio non vogliamo accusare nessuno, utilizziamo uno strumento di difesa più sottile, che in questo periodo storico è molto in auge. Si può tranquillamente adoperare l'avallo della scienza, anzi della "pseudoscienza". Questa negli ultimi decenni viene generosamente in soccorso alle singole persone o alle famiglie molto problematiche, con mille studi e ricerche poco credibili, se non proprio palesemente false. Se, ad esempio, qualcuno ci fa notare che i nostri figli sono trascurati, se non imparano a leggere e scrivere bene, se crescono con comportamenti da bulli, se le paure, le ansie, la depressione e l'angoscia li fanno stare male, se sono diagnosticati bambini con disturbo oppositivo – provocatorio, dislessici, autistici, depressi, con la sindrome ADHD o soggetti con disagio adolescenziale, la difesa più frequente è quella di spostare l'origine del problema ad altre cause che escludono noi, la nostra stanchezza, il nostro tempo limitato, le nostre mancanze o il nostro inadatto impegno. In tutti questi casi la pseudo – scienza ci aiuta a scovare, come cause dei problemi, qualche gene specifico che potrebbe aver causato il disturbo o le patologie dei nostri figli. La stessa pseudoscienza ci rassicura sul nostro mancato o inadatto impegno suggerendo che probabilmente vi sarà un'area cerebrale che per qualche microlesione non rilevabile agli esami clinici e strumentali, non fa il proprio dovere come dovrebbe. Oppure che la patologia è dovuta a qualche strano collegamento con l'indiscutibile inquinamento dell'aria e del mare. Per non parlare delle possibili influenze negative dei vaccini o di qualche alimento verso il quale i nostri figli sarebbero intolleranti.

Purtroppo però, nonostante tutte le difese psicologiche messe in atto, la verità tende a fare capolino nella nostra mente, creandoci malessere e frustrazione.

ASPETTI SOCIO - RELAZIONALI

Sono molti i segnali che ci suggeriscono un aumento del disagio fra i due generi nel mondo occidentale e nel nostro periodo storico.

- Aumentano le separazioni, i divorzi.
- Aumentano i single.
- Sono in aumento le azioni legali e i processi per violenza, intentate dall'uno e dall'altro sesso.
- Aumenta la sfiducia nei confronti dell'altro, espressa sia verbalmente sia nei comportamenti.

- Diminuisce la sollecitudine, l'accoglienza e la disponibilità tra uomini e donne nella cura reciproca.

La visione negativa del sesso opposto

Una delle più importanti cause socio-relazionali che altera notevolmente il rapporto tra i sessi è dovuta all'attuale visione negativa del sesso opposto. Nell'incontro e nei rapporti che instauriamo con l'altro sesso, siano essi superficiali oppure molto intensi e profondi, sono insite e non potrebbe essere diversamente, tutte le problematiche riguardanti il rapporto con la diversità. Come dice Ackerman (1970, p. 77):

"Dalla nascita alla morte l'essere umano si muove, muta e si sviluppa in funzione del suo modo di adattarsi alla diversità. Vengono dei momenti in cui è inevitabile il conflitto; esso è intrinseco alla lotta per l'esistenza, intrinseco al processo di cambiamento e di sviluppo".

Il rapporto con il diverso non è stato mai facile. In alcuni periodi storici e in alcune società, l'incontro con popoli e persone con caratteristiche diverse per religione, valori, cultura, usi, costumi, visione del mondo, è stato visto come un'occasione d'arricchimento, confronto e intesa, mentre, in altri casi e in altri periodi storici, le differenze sono state giudicate un grave problema da contrastare in ogni modo, mediante una netta opposizione, utilizzando dei comportamenti di esclusione, chiusura e lotta. In altri casi si è preteso, da chi è diverso da noi, la completa omologazione alla nostra cultura, alle nostre leggi, ai nostri usi e costumi, alla nostra lingua, alla nostra religione.

Questo modo di vedere e affrontare la diversità è stato sempre presente nel campo sociale e nelle relazioni tra popoli ed etnie diverse. Ciò ha provocato un'interminabile serie di conflitti, emarginazioni, guerre di religione ma anche i tanti incredibili orrori dei campi di sterminio, i quali avevano come obiettivo dichiarato l'eliminazione fisica del "diverso".

Questa paura di confrontarsi con chi ha qualcosa di differente da noi, questo rifiuto di conoscere, accogliere e accettare chi ha lingua, religione, usi e costumi, caratteristiche fisiche, colore della pelle, diversi dai nostri, questo rinunciare ad instaurare con quelli una collaborazione ed un'intesa proficua, negli ultimi decenni ha coinvolto anche il campo delle differenze sessuali. Pertanto per molti l'altro sesso è diventato uno sconosciuto da tenere alla larga, un nemico da accusare di ogni possibile nefandezza, un essere da allontanare e demonizzare.

Come soluzione atta ad evitare continui contrasti e scontri, da più di mezzo secolo si punta sull'omologazione, utilizzando l'educazione. È diventato quasi un assioma affermare che bambine e bambini, uomini e donne per meglio comprendersi e accettarsi, non potendo essere, almeno per il momento uguali, sarebbe bene fossero per quanto possibile molto simili tra loro. Per raggiungere questa finalità e per fare in modo che non vi sia alcuna differenza, si ritiene utile che uomini e donne siano educati allo stesso modo, vestano in modo simile, si comportino allo stesso modo, abbiano lo stesso linguaggio, s'impegnino nelle stesse attività lavorative e sociali.

Anche in questo campo, pur di non affrontare le difficoltà di una relazione tra diversi, si è preferito scegliere lo scontro o l'omologazione, senza curarsi del fatto incontestabile che la diversità, sia nel campo delle relazioni tra popoli, sia soprattutto nelle relazioni tra i sessi, che sono portatori di specifiche e particolari qualità e capacità, quando è accettata, accolta e ben gestita, è non solo utile ma preziosa. Essa offre la possibilità di un notevole arricchimento reciproco, che non si potrebbe assolutamente ottenere in altro modo.

Al contrario, quando la diversità è contrastata o negata, si ottiene non solo un impoverimento personale e sociale ma, inevitabilmente, si provoca l'insorgere di notevoli e gravi incomprensioni, contrasti e scontri violenti. La prova più evidente della ricchezza apportata dall'integrazione è presente in ognuno di noi. È noto, infatti, che l'Io dell'individuo nasce e si sviluppa proprio mediante le prime relazioni che egli instaura con soggetti diversi da lui. Dapprima ogni bambino che nasce si confronta con la madre, subito dopo con il padre e poi con gli altri suoi familiari: fratelli, sorelle, nonni, zii. In seguito, questo Io che è nato proprio dal rapporto con gli altri e dall'integrazione delle differenze, ha la possibilità di crescere, divenendo sempre più maturo, responsabile, duttile, forte e culturalmente ricco, proprio mediante il confronto e la parziale inclusione di pensieri, esperienze, sensazioni ed emozioni trasmesse da persone che possiedono età, sesso, pensieri, caratteristiche sociali e individuali diverse dalle proprie. Come dice Roberto (2016, p. 13):

"Senza il confronto con la differenza, e cioè senza la relazione, non si porrebbe l'identità. Senza l'altro l'Io non sarebbe: per questa ragione l'Io dovrà imparare a dialogare con l'altro, e solo dialogando con l'altro, l'Io troverà un'armonia con sé stesso".

Detto questo, non possiamo tuttavia sottovalutare quanto sia complesso e difficile affrontare le diversità. Nel caso dell'incontro uomo - donna bisogna saper sfidare sia le problematiche legate alle diverse caratteristiche individuali, sia quelle dovute all'identità e al ruolo di genere. Questo percorso relazionale è sicuramente impervio, tanto che è necessario possedere una buona maturità e serenità personale per riuscire a compierlo. Questo percorso è certamente faticoso, tuttavia è un cammino indispensabile, se si vuole raggiungere una crescita personale e sociale.

Per Roberto: (2016, p. 12):

"La quotidiana convivenza con la diversità ci mette in confronto e pone problemi tali da non poter essere ignorati, ma anzi spinge verso l'adozione di strategie culturali e d'accoglienza. Un confronto che implica la disponibilità, da parte degli individui che entrano in relazione, a mettere in discussione le proprie credenze, i propri valori, i presupposti di base su cui noi stessi costruiamo la nostra identità sia individuale che collettiva. Ma tale disponibilità richiede non solo il coraggio di cambiare, ma anche l'impegno che deve essere profuso nella trasformazione, nonché la capacità di affrontare i costi psicologici, sociali ed economici che sono necessari per il cambiamento".

È evidente che se nei riguardi degli atti e dei comportamenti del sesso opposto, disponiamo il nostro animo alla fiducia, alla disponibilità e all'ascolto, saranno più facili l'intesa, l'incontro e l'accoglienza. Se invece siamo portati a giudicare negativamente e con sospetto ogni parola o comportamento di chi ci sta accanto, oppure se la nostra mente è permeata da molti, intensi e coinvolgenti pregiudizi, tutte le relazioni che intraprenderemo con l'altro sesso, anche quelle che a noi, nell'esaltazione della fase dell'innamoramento, ci appaiano splendide e meravigliose, anche quelle saranno, dopo poco tempo, influenzate negativamente. Cosicché questi rapporti perderanno, in breve tempo, ogni fascino e ogni attrattiva, così da farci assumere i soliti atteggiamenti di esclusione consistenti in repulsione, allontanamento, lotta o, al massimo, nell'assurda richiesta di una piena e totale omologazione.

Purtroppo questo è ciò che è avvenuto negli ultimi decenni, da quando il femminismo e l'individualismo più esasperato hanno sparso a piene mani, tra uomini e donne, acredine, invidia e sospetto reciproco, mettendo in tal modo i due sessi l'uno contro l'altro. Pertanto, come succede per ogni situazione impostata su questi presupposti, è diventato quasi una costante, il piacere di demolire e contrastare l'immagine positiva del sesso opposto.

Da molti, troppi anni, non passa giorno che non siano esaltate le maggiori e migliori qualità femminili e le loro "conquiste" in tutti i campi dello studio, della politica, del lavoro e della famiglia mentre, contemporaneamente, sono denigrati e stigmatizzati, in maniera spesso ingenerosa e ingiusta, tutti i comportamenti maschili, sia del passato sia del presente. E ciò non solo quando questi atti realmente hanno leso, ledono o potrebbe danneggiare in modo grave il corpo, l'immagine, la dignità e la sensibilità delle compagne, ma anche quando sono semplicemente "diversi" e pertanto richiederebbero un maggiore sforzo di comprensione e accoglienza.

Da vari lustri il nemico "uomo" è diventato agli occhi di molte donne "l'essere cattivo", che ha tenuto schiavo il genere femminile del passato, "l'essere falso e bugiardo", poiché ogni cosa che propone e richiede ha come scopo riportare la donna in una condizione di sudditanza sociale, per continuare a relegarla in un ruolo subalterno dal quale si è finalmente liberata, l'uomo è diventato "l'essere traditore ed infido", pronto ad abbandonare e ingannare le aspettative di ogni donna che sciaccamente pone in lui fiducia e speranza e infine, "l'essere arrogante, aggressivo e violento", il quale ghermisce con sopraffazione il corpo e lo spirito delle fanciulle che incontra sul suo cammino, ferendo e uccidendo quelle che si oppongono ai suoi desideri lascivi, ai suoi capricci, nonché ai suoi bisogni egoistici. Pertanto l'uomo, ormai da molti decenni è diventato l'essere dal quale proteggersi, l'essere da controllare, temere e, quando è il caso, denunciare alle prime avvisaglie di sopraffazione o violenza, per evitare di essere preda delle sue continue nefandezze. Nelle testimonianze raccolte da Belotti, gli uomini sono definiti dalle loro compagne come: noiosi, prolissi, antipatici, odiosi, prevaricatori, avari, meschini, sprezzanti, sessualmente egoisti, presuntuosi, competitivi, complessati, inibiti, conformisti, tristi, etc." (Citato da Slepoj, 2005, p. 138).

Ma così come di solito avviene tra "nemici", anche l'uomo ormai da molto, troppo tempo, ha sviluppato anticorpi e difese nei confronti del sesso opposto, intravedendo e sottolineando nell'essere femminile tutti i possibili tratti problematici o negativi, in qualche modo e in qualche caso presenti, pur di difendersi e contrattaccare. Pertanto anche per l'uomo l'elenco delle accuse verso l'altro sesso è diventato lungo, ma altrettanto ingiusto e ingeneroso, come quello stilato dalle donne.

Le accuse a quello che una volta era il "gentil sesso" da sognare, idealizzare, proteggere e per cui spasimare, riguardano l'alterigia, l'instabilità d'umore, la facile irritabilità e l'incontentabilità, nonché la sempre maggiore arroganza, aggressività e violenza, espressa in modi tali che, se è difficile o impossibile dimostrarla davanti a un giudice, perché fatta più di parole e comportamenti che non di lesioni fisiche, sarebbe spesso gravemente presente in molti rapporti di coppia.

Le critiche e i giudizi negativi non finiscono qui. Le donne sono accusate di essere molto volubili, di seguire in modo dissennato le mode del momento, senza compiere alcuna valutazione razionale, cosicché spesso il loro modo di vestire appare in alcuni casi sciatto e informe, mentre in altri casi è chiaramente ridicolo e volgare. Per non parlare delle scarse capacità nella cura dei figli, della casa, nonché degli uomini che, per loro disgrazia, si legano ad esse. Inoltre come fidarsi delle donne se queste, avvertendo e seguendo, senza molto riflettere e valutare, ogni impulso del momento, dettato dai loro volubili sentimenti, emozioni o capricci, sono facilmente disponibili al tradimento sentimentale e sessuale? E infine che fiducia avere nei loro confronti quando è evidente che molte di esse, dopo aver tradito il loro uomo che dicevano di amare, sono pronte a togliergli non solo l'onore e i beni ma anche l'amore dei figli?

Che da questa concezione negativa delle persone dell'altro sesso, possano nascere segni di reciproca incomprensione e conflittualità, che in un momento successivo, potrebbero sfociare in comportamenti e atti aggressivi, è qualcosa di facilmente prevedibile e anche difficilmente evitabile.

La scomparsa di un corretto galateo tra i sessi

Una delle tante conseguenze della presenza di una continua e incessante lotta tra uomini e donne, è stata la scomparsa quasi totale di ogni indicazione che, nelle generazioni passate, era presente nel galateo tra i due sessi. Queste indicazioni imponevano agli uomini e alle donne una serie di precisi comportamenti, atti a proteggere, curare, rispettare, far stare bene e rassicurare l'altro. Queste indicazioni e consigli che venivano dati dalla società nel suo complesso, ma soprattutto dai genitori ai figli, permettevano a ogni uomo e donna di avere una base sicura dalla quale muoversi, nel momento in cui volevano confrontarsi con il sesso opposto, per intraprendere e costruire un rapporto armonioso, rispettoso e stabile.

Sia agli uomini sia alle donne, tenendo presenti le loro caratteristiche peculiari, erano indicate le migliori norme per proteggere, aiutare, rassicurare, gratificare, rendere sereno e per quanto possibile lieto, l'altro sesso. Queste istruzioni erano così cogenti e numerose, da apparire oggi assolutamente poco credibili e fuori luogo. L'episodio personale che qui descrivo ne è un esempio.

Il mio vecchio padre soffriva da molto tempo del morbo di Parkinson. Mi ero reso disponibile a curarlo personalmente ma, data la patologia cronica e ingravescente, i risultati erano stati modesti. Pertanto, tenendo conto della mia giovane età e della mia scarsa esperienza nel settore, mi chiese di prenotargli una visita presso un altro specialista, molto più anziano di me e sicuramente molto più illustre, che visitava a Roma. Naturalmente acconsentii subito alla sua richiesta e così prenotai anche l'aereo per la Capitale. Il viaggio di andata si svolse senza particolari problemi, tranne le continue attenzioni e l'aiuto che dovevo necessariamente fornire al vecchio genitore, quando era costretto a camminare, sedersi, alzarsi e, soprattutto, quando fu costretto a salire le scalette dell'aereo che, a quel tempo, erano piuttosto strette e ripide.

I guai cominciarono quando arrivammo nella clinica privata, dove visitava l'illustre collega neurologo. Data la fama di questi, i pazienti presenti nella sala d'attesa erano numerosi, per cui riuscii con difficoltà a trovare una sedia nella quale sistemare il traballante genitore. Contento e soddisfatto della mia impresa, aspettavo in piedi che la gentile segretaria ci chiamasse quando, dopo pochi minuti, alzando gli occhi dalla rivista che avevo appena iniziato a leggere, lo vidi alzarsi di scatto per cedere il suo posto a una donna molto più giovane e sicuramente molto più stabile di lui. Assolutamente conscio delle problematiche motorie e dello scarso equilibrio dell'anziano genitore non persi tempo nel cercare un altro posto dove farlo accomodare.

Cercando nuovamente di rilassarmi ritornai a leggere gli articoli della rivista quando, alzando gli occhi, lo rividi nuovamente in piedi, mentre il suo posto era occupato da un'altra donna. A questo punto non riuscii a trattenermi dal rimproverarlo, anche se in modo affettuoso, per quel gesto imprudente, facendogli notare che, a causa della sua instabilità motoria, rischiava di cadere da un momento all'altro. Fui tuttavia sopraffatto e bloccato dalla sua risposta ferma e decisa: "Io, uomo, non posso starmene tranquillamente seduto, mentre una signora è in piedi".

Rassegnato, andai nuovamente alla ricerca di un'altra sedia!

Prima che arrivasse il suo turno, la stessa scena si ripeté più volte: immancabilmente mentre io mi affannavo a cercare e trovare una sistemazione più sicura per lui, in qualche poltrona o sedia che fosse, egli, con uno scatto fulmineo, anche se barcollando, si alzava per cedere il suo posto a ogni donna che entrava nella sala d'attesa.

Dopo la breve visita, ritornando all'aeroporto, m'illusi che i problemi dovuti all'estrema sua disponibilità e cortesia nei confronti del genere femminile fossero terminati, anche perché, nelle sale d'attesa, vi erano molti posti liberi. Tuttavia qualcos'altro colpì la sua attenzione. Proprio accanto a noi si era seduta una donna di non più di quarant'anni. Dopo aver saputo che la signorina viaggiava da sola, nel mio vecchio padre emerse immediatamente il mai sopito istinto cavalleresco, pertanto non poté esimersi dal prendere la donna sotto la sua ala protettrice.

Le richieste nei miei confronti affinché nulla mancasse alla solitaria viaggiatrice erano categoriche: "Lo sai che negli aeroporti vi possono essere dei ladri? Che aspetti a sistemare la valigetta della signorina accanto a noi?" "Non rimanere lì impalato, vai al bar a comprare quello che la signorina desidera, non può certamente rimanere a digiuno!". "Chiedile se deve andare ai servizi e in tal caso accompagnala".

Anche durante l'imbarco egli non riuscì ad esimersi dal prestare il suo sostegno e i suoi servizi da perfetto gentiluomo alla donna. Pertanto, agli osservatori si offrì uno spettacolo che oggi apparirebbe assolutamente incredibile: quello di un giovane figlio, costretto a tenere con una mano una valigia, mentre con l'altra cerca di aiutare il vecchio padre di-

sabile che, sbilenco, si arrampica sui gradini di una ripida scaletta di aereo, rischiando in ogni momento di cadere, mentre questi, dal canto suo, non può esimersi dal tenere ben stretta in mano, la valigetta d'una giovane donna la quale, con fare spedito, sicuro e leggiadro, precede tutto il gruppo!

Il compito del vecchio gentiluomo terminò soltanto quando, arrivati all'aeroporto di Catania, poté consegnare al genitore della signorina, sana e salva la figlia, che aveva curato e protetto per tutto il tempo del viaggio.

Dicevamo una scena poco credibile oggi, giacché tali comportamenti, non soltanto non sono valorizzati, ma da molto tempo sono aborriti e anche completamente aboliti sia dagli uomini sia dalle donne. Ognuno, uomo o donna che sia, non importa se giovane o anziano, si sente in diritto di comportarsi nei confronti dell'altro sesso, così come gli aggrada in quel momento, senza tener presente la sensibilità e le attese di chi dovrebbe rispettare e, soprattutto, senza tener in alcun conto i bisogni e le necessità di chi ha di fronte o si trova accanto a lui. Se gli uomini non pensano affatto a cedere il posto alle donne sull'autobus o in metropolitana, né sono disposti a pagare il conto dell'amica al ristorante o portare i libri della compagna quando si recano insieme a scuola, le donne, da parte loro, non sono assolutamente disponibili a ricambiare con qualche altra gentilezza o cortesia l'altro sesso. Ognuno di loro, chiuso nel suo egoismo, pensa piuttosto a come difendersi e offendere piuttosto che al modo migliore per aiutare, assistere e far piacere all'altro.

Con tali comportamenti è facile capire come tra i due sessi siano diventati molti più frequenti gli atteggiamenti che fanno soffrire piuttosto che quelli che fanno gioire. Altrettanto facile immaginare quanto siano più numerosi i comportamenti che rendono insicuro, irritabile e aggressivo chi ci sta accanto, piuttosto che i gesti e le parole atti a rassicurare, rasserenare e proteggere. La disponibilità a un piccolo o grande sacrificio, pur di essere vicini e aver cura dell'altro, è considerata retaggio di lontani periodi storici, quando uomini e donne erano schiavi di questi comportamenti ed atteggiamenti altruistici e cavallereschi.

Tutto ciò è avvenuto, lo sappiamo benissimo, nel momento in cui l'uguaglianza nella dignità e nella responsabilità dei sessi è stata trasformata in uguaglianza nei ruoli, nei comportamenti, nelle aspirazioni, nei desideri, negli atteggiamenti e nei comportamenti. "Se la donna che sta accanto a me, uomo, è come me, perché dovrei cederle il mio posto in autobus o in metropolitana? Perché dovrei usare un linguaggio attento alla sua sensibilità? Perché dovrei esentarla dagli impegni e lavori più difficili, gravosi, sporchi o pericolosi? Perché mai dovrei proteggerla e rassicurarla? Si arrangi!"

D'altra parte, se non tutte, anche molte donne rese, almeno apparentemente, sicure e forti delle loro idee di uguaglianza, non accetterebbero più di essere trattate con la delicatezza e l'attenzione riservate alle loro madri e nonne del passato; così come non accetterebbero di essere esentate dai lavori più pericolosi e gravosi; né tantomeno vorrebbero essere escluse dall'ascoltare i racconti, le parolacce e le barzellette più spinte e piccanti.

Questi comportamenti maschili, che una volta erano spontanei e naturali, oggi sarebbero giudicati come un venir meno dei principi di uguaglianza e quindi significherebbe per loro sentirsi trattate come "donnicciole d'altri tempi" e non come delle donne forti, sicure di sé, coraggiose, impavide, pienamente libere ed emancipate, che non hanno alcun bisogno di protezione e cura da parte del sesso opposto.

La stessa cosa avviene per il sesso femminile: "Se l'uomo che è accanto a me è come me, se uomini e donne siamo uguali, perché dovrei essere attenta ai suoi bisogni? Perché dovrei rispettare la sua sensibilità nei riguardi dei temi e delle situazioni che più possono turbarlo o metterlo in difficoltà? Perché dovrei stare attenta a non sollecitare la sua gelosia? Per quale motivo dovrei rispettare la sua dignità, la sua virilità e il suo onore? Perché dovrei rinunciare a vestire come mi pare, usare il linguaggio che desidero, comportarmi con il cameratismo che mi aggrada, solo perché a lui e agli altri uomini, queste cose danno fastidio? E poi perché dovrei aver cura di lui, preparargli da mangiare, lavare e stirare la sua biancheria, se tutte queste cose <u>lui</u> le potrebbe fare da solo, con le sue mani?"

Quest'altro episodio può meglio chiarire quali tipi di rapporti tra i sessi, in questi anni abbiamo contribuito a costruire.

Com'è risaputo oggi quando siamo in treno, in autobus o in metropolitana, volenti o nolenti siamo costretti ad ascoltare quello che il vicino di posto comunica, usando il cellulare. Di solito cerco di astrarmi e non seguire quanto viene detto attorno a me, sia per il fastidio che ciò mi provoca, sia per un certo senso di pudore. Tuttavia in un mio recente viaggio in treno non sono riuscito a fare ciò. Troppo strane e biz-

zarre erano le frasi che ascoltavo dall'uomo seduto di fronte a me, per riuscire ad escluderli dalla mia mente. Quest'uomo, sulla cinquantina, ben vestito e rasato, con un viso allegro e soddisfatto, che tra l'altro, ho saputo in seguito, eseguiva un'importante e responsabile attività lavorativa, non faceva altro che registrare e inviare messaggi vocali con frasi davvero strane: "Sai cosa fai, Salvatore? Quel gatto della tua ex, buttalo fuori di casa e poi puoi sempre dire a lei che è scappato". E subito dopo un altro messaggio: "Oppure, ascoltami bene, Salvatore, puoi fare ancora meglio: invita la tua ex moglie a pranzo e servile il gatto cotto al forno con contorno di patatine, ma non le dire niente se non alla fine del pranzo". E ancora: "Va bene, se non vuoi farlo tu, lascia entrare il gatto quando il tuo pitbull è libero, in giro per la casa e aspetta che sia lui a sbranarlo".

Durante il viaggio, ridendo, ci tenne a spiegarmi che l'ex moglie del suo amico era andata in vacanza e aveva lasciato a quest'ultimo la cura del suo gatto. E poiché questo compito non era gradito all'amico, lui si era sentito in dovere di dargli qualche prezioso e utile consiglio!

Naturalmente il tutto era detto con un sorriso e c'è da sperare che non dicesse sul serio quando incitava l'amico a far gustare all'ex moglie quel particolare menù. Tuttavia i segnali del tipo di rapporti che oggi spesso sono presenti tra uomini e donne, specie tra separati, sono a volte di questo tenore.

L'aumento dell'infedeltà

Quando l'intesa amorosa, che si stabilisce tra un uomo e una donna, si rende concreta in un legame progettuale importante, finalizzato alla vita e proiettato nel futuro, il rapporto stabile e privilegiato con il partner, che si rende concreto nel fidanzamento e poi, ancor più, nel matrimonio vive di dialogo, scambio, solidarietà, complicità, sostegno e appoggio reciproco. Questo rapporto soprattutto vive ed è sostenuto da una condizione di stabilità e continuità che sono indispensabili per la nascita della fiducia, della stima, dell'amore e della donazione reciproca.

Poiché la fedeltà dell'uno, stimola nell'altro il bisogno di ricambiare tali comportamenti responsabili, attenti e rispettosi, un rapporto stabile ed esclusivo tra i due sessi è fondamentale per costruire la fiducia di base verso l'altro, ma anche per avere una visione positiva dei rapporti amorosi. Quando tutto ciò viene a mancare, quando il legame con la persona che amiamo e stimiamo è inficiato da infedeltà e tradimenti, quando uno dei due instaura con altri, quel rapporto e legame privilegiato che dovrebbe essere fondamento d'ogni coppia sana e responsabile, allora non possiamo che aspettarci delle conseguenze traumatiche e gravi. Tra queste conseguenze sicuramente la più drammatica e distruttiva è data dal sorgere o dall'accentuarsi dei comportamenti aggressivi e violenti.

Sono descritti vari tipi d'infedeltà.

L'infedeltà relazionale

Questa è dovuta all'insoddisfazione nei rapporti con il proprio partner a causa d'una mancanza nell'intesa sessuale, nella comunicazione, nella comprensione o nel sostegno reciproco. In questi casi l'intesa e il dialogo produttivo tra le due persone sono deteriorati a causa dei sentimenti sopiti o totalmente spenti, che non permettono agli impulsi amorosi di offrire gli apporti sperati, fatti d'intimità e benessere psicologico. L'impoverimento o la stanchezza della vita a due, non solo non dà più frutti positivi ad entrambi ma diventa motivo di continua sofferenza e tristezza, per il nascere di atteggiamenti malevoli e distruttivi, ma anche per l'insorgere di gelosie morbose, aggressività e ripicche reciproche.

Tutto ciò rende la casa luogo di scontro e non d'incontro e la vita a due non un modo per aiutarsi a vicenda ma per farsi del male a vicenda, mediante continui dispetti e cattiverie nei confronti dell'altro, senza esclusione di colpi. La relazione rischia di diventare uno strumento per togliere qualcosa all'altro, per mortificare e aggredire l'altro e non certo per gratificarlo e dargli gioia, sicurezza e appagamento.

L'infedeltà compensatoria

Gli infedeli di questo tipo cercano di colmare il vuoto che avvertono nella convivenza o nel matrimonio, investendo in una relazione complementare e compensatoria (Le Van C. e Le Gall D., 2011, p. 30). In definitiva la persona che tradisce mantiene la non perfetta e soddisfacente relazione coniugale, per evitare la rottura del matrimonio, che comporterebbe importanti conseguenze economiche e gravi esiti sui figli e nell'ambiente sociale ma, nello stesso tempo, cerca all'esterno della coppia una relazione, a volte molto fuggevole, come può essere quella con una prostituta, oppure stabile nel tempo con un'amante, che in qualche modo riesca a compensare le carenze di cui soffre nel rapporto con il partner.

L'infedeltà pretesto

Questo tipo d'infedeltà è attuato da entrambi i sessi, ma soprattutto dalle donne, che lo giudicano come lo strumento più rapido e idoneo a provocare la rottura del matrimonio, ben sapendo che da parte dell'uomo è difficile perdonare un eclatante tradimento sessuale o sentimentale.

L'infedeltà per vendetta

In questo caso si tradisce per vendicarsi di un torto subìto, così che l'altro provi lo stesso dolore e la stessa sofferenza. I torti possono riguardare la sfera sentimentale e sessuale ma possono anche riguardare patti e condizioni non rispettate, violenze subite o anche semplicemente richieste e capricci non sodisfatti da parte del partner.

Infedeltà nevrotica

Una delle forme nevrotiche di vivere le relazioni di coppia è quella di cercare continuamente delle altre persone alternative, trascurando, senza un particolare motivo, quella che già si vive e con la quale, forse, è stata già formata una famiglia. In questi casi il soggetto è bensì soddisfatto della sua compagna ma avverte un bisogno incoercibile di vivere altre storie alternative (Le Van e Le Gall, 2011, p.31). A volte si tratta soltanto di un bisogno inconscio di dimostrare a sé stessi, prima che agli altri, le proprie capacità di fascino, seduzione o virilità. Altro comportamento nevrotico è spesso quello effettuato da uomini e donne d'una certa età, che lasciano la moglie o il marito per risposarsi o convivere con qualcuno molto più giovane di loro. In questo comportamento si può scorgere l'intento di verificare, aver prova e sostenere le proprie capacità di seduzione e l'incapacità di accettare il trascorrere del tempo, ma anche il bisogno di risvegliare,

138

nell'incontro con un corpo giovane, gli ultimi bagliori di emozioni sentimentali e sessuali invecchiate e quindi da tempo sopite. Queste persone passano spesso dall'esaltazione provata per la conquista di un partner più giovane e bello di loro, alla depressione più nera e profonda, nel momento in cui l'entusiasmo iniziale si sgonfia, la novità e la passione perdono il loro mordente oppure non si vogliono più subire umilianti ricatti.

I bisogni nevrotici sono frutto di un'educazione e formazione umana poco attenta ai bisogni e alle necessità profonde dei minori. Quando poi questi si affacciano alla vita adulta, portano con sé una personalità disturbata da conflitti interiori non risolti, cosicché sono facili prede e vittime di bisogni e comportamenti francamente immaturi. Se a questo tipo di personalità infantile si aggiunge la mancanza di un bagaglio formativo ricco di valori fondamentali, come l'onore, la lealtà, la responsabilità, la correttezza, l'impegno verso l'altro e verso la società, si potranno comprendere molto bene i comportamenti di queste persone.

L'infedeltà multipla

Alcuni, quando non riescono a trovare la persona perfetta da amare, che possa soddisfare pienamente tutti i loro bisogni estetici, sociali, economici, sessuali e sentimentali, sperano di ottenere la donna o l'uomo perfetto, frequentando più persone. In tal modo possono prendere da ognuna di esse una o più qualità cercate e desiderate. In definitiva *l'infedele multiplo* s'illude di creare, come in un puzzle, l'uomo o la donna sognata prendendo da una persona il corpo scultoreo, dall'altra l'intelligenza vivace, da un'altra i soldi o la cultura, da un'altra ancora le capacità amatorie e così via. È inutile dire che questa è solo un'illusione, poiché volente o nolente in ogni relazione che s'intraprende, è impossibile scindere gli aspetti positivi da quelli negativi. Per tale motivo l'infedele multiplo sarà costretto ad accettare, insieme ai pregi, anche i difetti di ogni persona frequentata.

L'infedeltà da solitudine e lontananza.

Nella nostra società globalizzata è frequente l'adulterio provocato dalla lontananza fisica del partner per motivi di lavoro. Gli uomini e le donne che si spostano per lavoro lontano da casa sono in Italia oltre seicentomila. Sono chiamati "i pendolari della famiglia". Le coppie restano divise per la maggior parte della settimana da centinaia, se non da miglia di chilometri, avendo soltanto come unico legame relazionale i telefoni, le video - chiamate e i messaggini. In queste "famiglie pendolari", il più delle volte i figli stanno con la madre, mentre il padre resta lontano per quasi tutta la settimana in un'altra città o, a volte, in un'altra regione, se non in un altro stato, per tornare in famiglia soltanto il venerdì sera o il sabato mattina. Anche se più raramente può succedere il contrario, per cui è il padre che resta con i figli che, di fatto, sono prevalentemente gestiti dai nonni, ed è la moglie che, nei fine settimana, si sposta per raggiungere il marito.

In questi casi i due partner si ritrovano, per lunghi periodi soli, in ambienti diversi e in città diverse e si relazionano per molti giorni con persone diverse. Ciò può favorire senza dubbio il *tradimento consolatorio,* causato dalla solitudine e della maggiore fragilità psicologica. Questa situazione può però provocare nel tempo una grave e insanabile frattura nella coppia.

Oltre alla solitudine e alla fragilità psicologica, nei predetti casi i motivi che spingono all'infedeltà di coppia possono nascere anche dai conflitti che si creano nel momento in cui, uno dei due o entrambi, avrebbero voluto che l'altro, rinunciando al suo lavoro o gestendolo in maniera diversa, avrebbe potuto rinunciare a spostarsi in un'altra città e restare vicino alla famiglia.

L'infedeltà "usa e getta" o "mordi e fuggi".

Se, come abbiamo detto sopra, in alcuni periodi e in alcune società il tradimento può nascere a causa della solitudine, della mancanza di comunione e dialogo, per la scarsa attenzione ai bisogni dell'altro o per motivi di nevrosi, per cui il partner infedele si sente in qualche modo giustificato nei suoi comportamenti, nel nostro periodo storico, con la massiccia diffusione della libertà sessuale e sentimentale, l'infedeltà ha assunto altre e più gravi caratteristiche.

Alcune persone, ed oggi sono tante, vedono la vita e il rapporto con gli altri in modo estremamente semplicistico, individualistico ed edonistico. Pertanto, non credendo nella monogamia o nella fedeltà, si sentono in diritto di avere rapporti sentimentali e sessuali con chi capita, quando capita, senza porsi alcun problema etico o morale. Queste persone pensano che sottomettersi alla legge morale significa reprimersi (Harding, 1951, p. 281).

I motivi sono tanti:

1. Nelle società occidentali, le norme religiose e morali hanno perduto ormai da molto tempo, la capacità di indirizzare i comportamenti privati. La bontà di un'azione è giudicata da quello che ci si aspetta di ottenere in quel momento e non dalla considerazione che quell'azione sia giusta o ingiusta, sia conforme ai dettami della coscienza oppure no, sia o no moralmente lecita. In definitiva il danno che quell'azione può comportare alla stessa persona che la compie o agli altri, non è tenuto in alcuna considerazione o è ampiamente sottovalutato. In un'orgia di consumismo, individualismo, libertà sfrenata, senza alcun punto di riferimento ad un sistema di valori morali che trascenda l'individuo, è la persona stessa che crea i propri valori. "Un tempo era la società a giudicare una certa relazione sessuale morale o immorale, giusta o ingiusta; oggi i singoli si sono presi questo diritto di giudicare" (Harding, 1951, p. 212). Il criterio ultimo per distinguere il bene dal male è suggerito dall'autorealizzazione e dal soddisfacimento immediato dei propri desideri e bisogni. Per tali motivi è concessa a tutti la possibilità di rendere ogni scelta sentimentale e sessuale totalmente e facilmente reversibile, in base ai propri desideri e bisogni del momento. A tutti, in definitiva, è concessa la possibilità di tornare sui propri passi, in modo tale da essere pienamente liberi nelle varie e molteplici relazioni. Pertanto, quando si ritiene che una situazione sentimentale o sessuale, che oggi è chiamata semplicemente "storia", non sia sufficientemente valida e confacente, questa può essere interrotta in qualsiasi momento, con estrema facilità con un semplice mes-

saggino, senza minimamente preoccuparsi delle conseguenze che questo tipo di comportamenti può provocare alle persone coinvolte, ai minori e alla società nel suo complesso. Per Harding (1951, p. 209).: "Il caos che oggi regna nella morale sessuale è un fatto assolutamente moderno. In altre età il codice mutava con l'andar dei secoli; ma in genere, tutti quelli che si trovavano nelle medesime circostanze si attenevano a uno stesso codice".

2. L'amore è spesso ridotto a semplice infatuazione momentanea, se non a un'immediata soddisfazione sessuale. Aboliti ogni norma, ogni dovere, ogni obbligo morale o religioso, nonché ogni regola di comportamento, tacitati i sensi di colpa, pur d'inseguire il sogno e il desiderio di una felicità imperitura o almeno qualche ora o momento di piacere, non resta altro che scegliere la persona che più ci aggrada e ci attira o che in quel momento aneliamo conoscere, anche se, obiettivamente, si tratta soltanto dello sfizio d'un momento. In tal modo, pur di soddisfare ogni nostro immediato interesse, desiderio o capriccio, sono possibili infinite scelte e cambiamenti. Tra l'altro questa molteplicità di scelte è giudicata, dalla nostra odierna società occidentale, come qualcosa di moderno, poiché tende a rompere i rigidi schemi e dettami del passato. Per tale motivo lo scegliere come partner la persona che più ci aggrada, non importa se già fidanzata, sposata o convivente, è giudicato da ampi strati sociali un comportamento non solo naturale ma anche adeguato ai nostri tempi.

3. Altra causa della continua e incessante ricerca di altre persone con le quali avere dei rapporti "mordi e fuggi"

è data dai numerosissimi messaggi che riceviamo ogni giorno, ad opera di un consumismo imperante. Messaggi che ci stimolano a sostituire e cambiare tutto ciò che non risponde ai nostri desideri e bisogni del momento. Pertanto, se quella donna o quell'uomo con cui abbiamo instaurato una relazione non ci dà in quel momento, ciò che ci aspettiamo, è giusto e sacrosanto cercare un'altra donna o un altro uomo, che ci offra quanto da noi in quel momento desiderato e cercato.

4. A ciò si aggiungono gli stimoli presenti in una società fondata sui sentimenti e sulle emozioni del momento. Questo tipo di società insegna a disprezzare e disfarsi di ogni rapporto stanco e deludente, privo di quella passione e di quel mordente che possedeva nel periodo dell'innamoramento, proprio come di un bene di consumo "usa e getta" e giacché è risaputo che nel tempo, il calo della passione in una coppia non solo è fisiologico ma è anche scontato, è evidente che in questa logica sono molto pochi i rapporti che hanno la possibilità di salvarsi e di essere duraturi.

5. Vi è poi un altro elemento da non sottovalutare ed è la convinzione diffusa da una psicologia spicciola, poco o nulla scientifica, che collega il nostro malessere personale alle persone che in quel momento frequentiamo. Come dire: "Se tu non sei felice, anzi sei triste, ansioso, soffri di disturbi psicosomatici, sappi che quasi sicuramente, questi problemi sono dovuti alle persone che frequenti. Pertanto per curare il tuo umore, la tua ansia, la tua depressione è necessario cambiare vita. Soprattutto è necessario rimpiazzare le persone che ti stanno vicino, poiché sicuramente sono loro la causa

dei tuoi malesseri". Cosa molto spesso non vera, poiché buona parte dei nostri problemi psicologici ha origini molto lontane nel tempo.

6. I facili rapporti mordi e fuggi sono dovuti anche alla frattura di quel gioco delle parti legato ai ruoli sessuali. Non più gli uomini che "ci provano", mentre le donne con maggior criterio e sano discernimento selezionano e giudicano e per lo più negano di lasciarsi trasportare da avventure inconcludenti o negative, ma "tutti insieme appassionatamente", uomini e donne alla ricerca di "storie" che siano apportatrici, anche se per pochi giorni, poche ore o qualche minuto, di passioni, piaceri ed emozioni violente, consumate in fretta, che si concludono altrettanto rapidamente lasciando molto amaro in bocca.

Per tali motivi se fino a qualche anno fa la libertà sentimentale e sessuale era ammantata della necessità di rispondere all'impulso amoroso e pertanto si affermava con forza: "Va' dove ti porta il cuore"; o anche "Al cuore non si comanda", oggi la motivazione sentimentale non è più necessaria. Il "mi piace e basta" serve a tappare la bocca a chiunque osi criticare o limitare ogni atteggiamento e comportamento iperliberale. "Mi piace e basta" quell'uomo, quella donna, quel gay, quella lesbica, quel transessuale. "Mi piace e basta". E non importa se accanto a me o alla persona che mi piace avere come amante, vi è qualcuno che ha investito su quella relazione sogni, pensieri, sentimenti e anni della propria vita. Non importa se vi sono dei figli che soffriranno e grideranno il loro sconcerto, la loro inquietudine e la loro rabbia. "Mi piace e basta". Queste quattro semplici paroline sono sufficienti a scacciare ogni critica e senso di colpa anche nei confronti delle reti familiari. Per Pirrone (2014, pp. 54-55):

> *"La relazione amorosa assume forme svariate, divenendo una realtà informe e mutevole, senza più tratti caratterizzanti, nemmeno quelli della differenza sessuale - contestata dalla cultura omosessuale e dalle recenti teorie del gender – né dalla generazione personale dei figli, aggirata dalle tecniche di fecondazione artificiale! La sempre maggiore flessibilità dello stare insieme, il credere sempre e comunque che tutto è relativo, trova riscontro, per esempio, in una nuova forma di relazione amorosa, definita "Living Apart Together"* (Vivere insieme a parte o Vivere non insieme) *LAT che va ad affiancarsi alle già presenti forme di convivenza senza matrimonio"*. In questo tipo di relazioni le coppie decidono di vivere in casa separate. [1]

D'altra parte trovare un altro o un'altra che sia disponibile a questo tipo di rapporti, è diventato estremamente facile. È possibile "agganciare" un'altra o un altro per strada, sull'autobus o in metropolitana. È possibile farlo nell'ambiente di lavoro, come in palestra o in discoteca. In ogni luogo vi è la possibilità di effettuare incontri brevi, stuzzicanti e piacevoli. Per prendere contatto, incontrare e iniziare non una ma una molteplicità di "storie" che possono concludersi in pochi giorni o anche in pochi minuti di sesso vissuti nei bagni di qualche locale, vi è la possibilità di utilizzare internet e gli altri mezzi elettronici. Questi strumenti tecnologici, presenti ormai in ogni casa, come in ogni tasca o borsetta, sono pronti a mettere a disposizione e offrire, in ogni ora del

---

[1] In Italia, secondo i dati Istat del 2003 la percentuale di coppie LAT nella classe dopo i quaranta anni era del 4,8%.

giorno e della notte, centinaia di siti d'incontri reali e virtuali, che è possibile frequentare più o meno protetti dall'anonimato. Se tutto ciò non dovesse bastare, è possibile utilizzare i vari social network e chat, con i quali si possono inviare e ricevere centinaia di messaggi accattivanti. Pertanto, ormai da qualche decennio, il cercarsi, il trovarsi, l'innamorarsi o semplicemente il fare sesso, stando comodamente seduti nella propria casa, nel proprio ufficio o nel posto di lavoro, è diventato molto facile e immediato.

Per attirare e provocare l'attenzione dell'altro o dell'altra, può essere utile un corpo scultoreo. E ciò si prova ad ottenere frequentando le affollatissime palestre o iniziando interminabili diete. In aggiunta ad un corpo perfetto si può ricorrere a vari stratagemmi, tra i quali l'uso di numerose esplicite comunicazioni verbali e non verbali rivolte verso l'altro. Spesso si sprecano, in un clima di piena libertà e amicizia, sorrisi, atteggiamenti e ammiccamenti, che trasmettono segnali di disponibilità affettiva, amorosa o semplicemente sessuale.

Allo stesso modo è accettato e incoraggiato, perché così fan tutti, il portare degli indumenti capaci di sorprendere, provocare, attirare, sedurre. Vestiti e accessori che stimolino l'interesse e i desideri, così da invogliare l'altro a lasciarsi andare ai sospirati approcci. Indumenti quindi capaci di evidenziare, esaltare e scoprire le parti del corpo atte a provocare un'intensa stimolazione sessuale. E tutto ciò non solo senza alcuno scrupolo verso il pudore, ma anche senza preoccuparsi minimamente che questi messaggi possano anche essere recepiti da persone che non vorremmo affatto incontrare sulla nostra strada.

Tuttavia, nonostante il nostro bisogno di socialità e dialogo vero e profondo, nonostante la facilità nell'iniziare una relazione, ci accontentiamo anche di esperienze sessuali molto povere che sfociano nel ridicolo, come gli scambi di coppia o, peggio ancora, l'uso di bambole di gomma e robot erotici.

Le conseguenze

Il tradimento non è mai esente da una certa dose di sofferenza. I vissuti della persona ingannata possono essere molteplici ma sono sempre molto dolorosi, se non drammatici e traumatici.

- C'è, prima di tutto, un lutto da elaborare poiché abbiamo lasciato un compagno eppure una parte inconscia resta legata a lui.
- L'infedeltà compromette il dialogo interpersonale, poiché la comunicazione tra i due partner, mancando la stessa base su cui poggiare, crescere e alimentarsi, rappresentata dalla reciproca lealtà, rischia di scemare o anche di spegnersi.
- Il tradimento subìto mette contemporaneamente in crisi la fiducia negli altri e quella in se stessi: "Cos'ha quello che io non ho?", "Cos'ha da dare che io non riesco a dare?", "Cos'ha visto quella in lui che io non ho visto?" Con l'animo lacerato si scopre di non conoscere l'altro. Si vede la persona amata diversa da come la si è sempre pensata. In definitiva la positiva immagine mentale di chi è a noi fisicamente vicino, di chi ci dovrebbe amare e rispettare, è svilita e compromessa. Si scopre di non conoscere se stessi e le proprie qualità, ci

si sente deboli e impotenti. Il tradimento è, infatti, una sconfitta che genera dubbi angosciosi sulle proprie qualità personali o sulle proprie capacità nella scelta della persona d'amare.

- L'infedeltà genera dubbi sugli scopi della propria stessa esistenza: che senso ha la vita se non ci si può fidare neanche della persona che si ama e che diceva di amarci?

- L'infedeltà fa scadere il senso della propria responsabilità: "Se essere seri e fedeli porta a queste conseguenze, è meglio non essere responsabili e prendere dalla vita e dagli altri tutto quello che capita, quando capita, senza porsi alcun problema".

- Una delle conseguenze più gravi del tradimento è la destabilizzazione della psiche della persona tradita, giacché quel comportamento riesce a sconfiggere alcune certezze: come la fiducia negli altri, nell'essere coppia e che l'amore sia per sempre.

- L'infedeltà stimola l'altro a tradire a sua volta. La persona che ha subìto il tradimento pur di consolarsi, pur di migliorare l'autostima, pur di vendicarsi e ricambiare il male ricevuto, è facile che cerchi, a sua volta, di interessarsi e legarsi ad un altro.

- L'infedeltà stimola sentimenti di vendetta. "Come posso ricambiare il male che mi è stato fatto? Qual è la cosa più cara, alla quale lui/lei tiene che posso sottrargli: i figli, il denaro, l'onore, la vita?"

- Con l'infedeltà aumenta l'inquietudine e l'ansia. L'animo umano è molto complesso e sensibile ed ha dei bisogni primari, molto chiari e ben definiti, dai quali non può prescindere e fare a meno. Quando possiamo contare sull'amore di un'altra persona, in modo stabile e continuo, avvertiamo un caldo senso di sicurezza che ci permette di vivere con pienezza e serenità la nostra vita relazionale e lavorativa; quando invece viviamo dei rapporti che non hanno caratteristiche di stabilità e continuità, con molta facilità nasceranno e s'insinueranno nella nostra mente intense ansie e inquietanti paure. Tutte emozioni e sentimenti difficilmente gestibili, che spesso degenerano e si traducono in acredine e aggressività verso l'altro che non ha voluto o saputo costruire insieme a noi, qualcosa di solido e duraturo, qualcosa d'importante.

- Il tradimento stimola sentimenti aggressivi e violenti rivolti non solo verso la persona che ci ha tradito ma anche di riflesso verso persone assolutamente innocenti: come i propri genitori o i genitori dell'altro, i figli, gli amici.

La gelosia

Strettamente legato all'argomento precedente è quello della gelosia.

Questa emozione, che si configura come il timore di perdere l'altro o qualcosa che l'altro ci ha dato o ci potrebbe offrire, è una realtà presente in ogni relazione, in tutte le età, in tutti i popoli e in tutte le epoche storiche.

Sappiamo che prova gelosia il bambino verso il fratellino appena nato o nei confronti di quello particolarmente amato da parte di uno o di entrambi i genitori. È gelosa la bambina quando il papà bacia la mamma. Gli studenti sono gelosi dei compagni di classe più benvoluti dagli insegnanti. È gelosa la ragazza adolescente, quando la sua compagna preferisce sedersi nel banco insieme ad un'altra. È gelosa la madre quando il figlio dimostra più attenzioni e affetto verso la nonna piuttosto che nei suoi confronti. I figli possono essere gelosi di uno o di entrambi i genitori quando, come avviene oggi sempre più spesso, dopo la separazione o il divorzio, papà e mamma iniziano delle "storie" con nuovi "amici" e "amiche", "fidanzati" o "fidanzate", "compagni" e "compagne". Infine è geloso l'impiegato quando il capufficio dimostra più fiducia nei confronti dell'ultimo arrivato, piuttosto che verso di lui. In questi e in tanti altri casi l'aggressività, che frequentemente viene espressa, è finalizzata a proteggere dagli altri le persone, i sentimenti o le cose ritenute importanti per la propria vita personale, sociale e relazionale.

Perché meravigliarsi allora se nelle relazioni sentimentali e amorose si è gelosi del proprio partner quando si teme, si pensa o si è certi che questi possa offrire o abbia offerto ad un altro, quella presenza, quell'amore, quelle cure, quell'affetto, ma anche quelle manifestazioni sessuali che prima offriva solo a noi? Perché meravigliarsi allora se l'aggressività, che nasce dalla gelosia, si attiva nei confronti di chi attenta al nostro ruolo di padre o madre, di marito o moglie o contro chi ha distrutto o intende distruggere la nostra famiglia, sognata e fantasticata fin dall'infanzia e che si è riusciti a costruire a costo di immensa fatica e abnegazione?

Solo quando sappiamo di poter contare sull'amore di un'altra persona in modo stabile e continuo, avvertiamo quel caldo senso di sicurezza che ci permette di vivere con pienezza e serenità la nostra vita relazionale e lavorativa. Al contrario, quando i rapporti, soprattutto quelli particolarmente intensi e coinvolgenti, non hanno caratteristiche di stabilità e continuità, saranno immancabili le ansie, le paure, le insicurezze e le inquietudini. Emozioni e sentimenti questi che spesso generano e si traducono in gelosia e acredine verso l'altro che non ha voluto o saputo costruire qualcosa di solido e duraturo, ma anche verso chi ci ha sottratto qualcosa di molto importante.

Il temere, o peggio il constatare, che della presenza, degli affetti, delle emozioni e dei sentimenti che la persona amata ci donava, possano usufruirne altri, può scatenare, come di fatto avviene frequentemente, intense emozioni aggressive e distruttive, fatte di rabbia e collera, non sempre controllabili e controllate. Queste emozioni negative non possono che stimolare e a volte purtroppo fanno mettere in atto, pensieri violenti e distruttivi di vendetta, nei confronti di chi si è allontanato da noi per dare il proprio amore, il proprio corpo, le proprie cure, i propri beni ad altri, ma anche verso chi ci ha sottratto o privato di qualcosa per noi necessario e importante, ma che anche sentiamo che in qualche modo, ci appartiene. In queste occasioni è facile aspettarsi anche una maggiore irritabilità, aggressività e diffidenza verso tutti, ma soprattutto verso il genere sessuale che l'altro rappresenta: "Tutti gli uomini sono..." "Tutte le donne sono ...".

Per quanto riguarda l'altra modalità, che viene spesso suggerita e cioè quella dell'indifferenza e del controllo assoluto delle proprie emozioni, cosa che in parole povere e volgari si traduce in: "Chi se ne frega, lui/lei faccia quello che vuole, io farò lo stesso", è questa una modalità ancora peggiore della prima, giacché porta all'anestesia dei sentimenti e delle emozioni. Anestesia che rende totalmente fredde e vuote le relazioni umane, anche quelle più intime e profonde.

Tra l'altro, per alcuni autori ciò è praticamente impossibile per una persona con normale equilibrio psichico.

"La gelosia dipende dall'attaccamento verso persone e cose ed è proporzionale alla loro importanza. L'amore e la gelosia sono due facce della stessa realtà: chi afferma di voler bene a una donna tanto da desiderare soltanto la sua felicità, anche con un altro, è un masochista folle, un razionalista delirante" (Andreoli, 1995, p. 283).

Gelosia fisiologica e patologica

Spesso oggi, come in passato, si dibatte se nei rapporti di coppia sia accettabile o meno la gelosia. I detrattori di questo sentimento giudicano la gelosia con molta severità. Per questi non è amore ma possesso, anzi è considerata "Il veleno dell'amore", "Il sentimento che distrugge l'amore", "Una forma esplicita di mancanza di fiducia e di rispetto nei confronti di chi sta accanto a noi", "Qualcosa che può annientare l'intesa tra i sessi", "Ma anche qualcosa capace, tra l'altro, di innescare dei conflitti difficilmente risolvibili, che possono sfociare in tragedia". Per tali motivi, i detrattori della gelosia pensano che gli individui che si fanno coinvolgere da questo sentimento siano sicuramente delle persone psicologicamente disturbate e represse ma siano anche dei retrogradi che ancora nutrono sciocchi sentimenti possessivi.

Altri invece ritengono che questo sentimento non sia stato inventato da uomini e donne possessivi ed egoisti ma che sia fondamentale al benessere delle singole persone, delle famiglie e della società. Essi credono inoltre che un po' di gelosia lusinghi il partner, facendolo sentire importante, anzi essenziale per il benessere dell'altro e che le dimostrazioni della gelosia siano salutari e gratificanti, poiché in definitiva sono delle dimostrazioni d'amore.

D'altra parte come dimenticare che anche l'uomo, come tutti gli animali, possiede l'istinto di proteggere quanto è suo, quanto gli è caro, quanto è indispensabile alla propria salute fisica e psichica? In definitiva attaccare chi ci minaccia, chi ci sottrae qualcosa d'importante o non tiene conto dei nostri sentimenti e bisogni, è un comportamento istintivo fondamentale per la sopravvivenza dell'individuo e della specie.

La diffusione di questo sentimento ci fa quindi pensare che la *gelosia fisiologica* sia naturale e normale, poiché ha degli scopi ben precisi e importanti in ogni relazione. Essa nasce, ripetiamo, dal bisogno istintivo di avere accanto a sé in modo continuo la o le persone che possono darci il loro affetto, il loro amore, la loro passione, le loro cure, le loro attenzioni e quindi serve a difendere ciò che per noi è fondamentale o comunque importante. Questo sentimento è in fondo uno dei tanti meccanismi atti a proteggerci e tutelarci dalla perdita di qualcosa di essenziale per la nostra vita o per il nostro benessere fisico e psichico.

Dal punto di vista sociale la gelosia è un elemento fondamentale per rendere più stabili le relazioni, tutte le relazioni, soprattutto quelle che costituiscono il fondamento stesso della società, come le relazioni affettive e sessuali, per le quali la stabilità è indispensabile, sia per il benessere psicologico personale di ogni componente la relazione, uomo, donna o minore che sia, sia per costruire e condurre proficuamente un progetto di famiglia serio e funzionale.

Al contrario tutte le società come le nostre, nelle quali sono frequenti e numerose le situazioni d'instabilità affettiva, sono anche quelle nelle quali si registrano più frequenti i malesseri personali, esistenziali e sociali come la depressione, l'ansia, la chiusura ma anche i sentimenti e i comportamenti violenti e aggressivi. Il motivo è semplice da comprendere: quando si teme o peggio si constata, che dei doni di chi ci sta vicino possano usufruirne altri, è facile che si scatenino intense emozioni distruttive fatte di rabbia e collera, non sempre controllabili e controllate o al contrario sentimenti depressivi con manifestazioni di apatia, astenia e chiusura.

Per quanto riguarda invece la *gelosia patologica*, questa si riconosce facilmente poiché le sue manifestazioni non sono legate alla realtà esterna alla persona, ma sono frutto di conflitti e percorsi psicologici interiori disturbati o alterati. Questo tipo di gelosia è tra l'altro facilmente evidenziabile, per la presenza di proiezioni e difese eccessive e abnormi in soggetti insicuri e ansiosi, non solo nei confronti degli altri, ma soprattutto nei confronti di se stessi e delle proprie capacità e qualità.

Nonostante ciò, si continua a combattere la gelosia fisiologica senza accorgersi minimamente delle tragiche conseguenze che ciò comporta. Tra l'altro, da parte delle leggi dello stato italiano, poche e blande norme sono presenti per cercare di diminuire le occasioni di tradimento. Al contrario è severamente punito che viola la privacy. Sono puniti il marito o la moglie, il fidanzato o la fidanzata che guardano nel telefonino del partner o fanno controllare e fotografare l'altro per escludere o confermare un tradimento. Sono beffeggiati il marito o la moglie, il fidanzato o la fidanzata, che osano manifestare sospetti sulla fedeltà del partner. Si plaude a tutte le applicazioni presenti negli strumenti elettronici immessi sul mercato, che rendono il contatto tra i sessi sempre più facile e alla portata di tutti.

Questa difesa esasperata dell'individuo e non delle relazioni affettive, sessuali e sentimentali che questi vive, ha delle conseguenze disastrose sulla vita relazionale delle persone, giacché le emozioni e i sentimenti non possono essere cancellati, ma solo repressi. Per tale motivo le crociate contro la gelosia fanno diminuire le manifestazioni più sane e fisiologiche di questo sentimento, mentre accentuano il numero e la gravità delle manifestazioni più gravi e patologiche.

Pertanto, se il coniuge non può controllare il telefonino o le e-mail dell'altro per prevenire ed evitare un iniziale rapporto che potrebbe portare all'adulterio, quando poi questo si realizza, squassando e distruggendo l'intesa della coppia ma anche le famiglie interessate, la stessa legge è costretta a intervenire sulle sue tragiche conseguenze. È costretta a intervenire nelle liti tra i coniugi; nei momenti di separazione, divorzio e affidamento dei figli ed è costretta a farsi carico della cura delle problematiche psicologiche dei minori, delle persone coinvolte e della povertà di uno o di entrambi i coniugi. È evidente che tutto ciò comporterà un notevole aggravio economico a carico delle singole persone, della società civile e dello stato.

In molti casi l'assoluta mancanza di prevenzione costringerà successivamente la legge ad intervenire anche sui cosiddetti "drammi della follia", nei quali, mariti esasperati e umiliati feriscono, aggrediscono o uccidono i figli, le mogli e anche se stessi, mentre queste ultime, altrettanto esacerbate,

scaricano la loro aggressività sui minori picchiandoli, ucci-
dendoli o privandoli del loro diritto di continuare ad avere uno
stabile e proficuo rapporto con il loro padre.

Il distacco fisico ed emotivo

Un'altra importante situazione nella quale facilmente
può insorgere aggressività è data dal distacco fisico ed emotivo. In passato, tranne che per gli emigranti, la situazione di
separazione tra i coniugi era presente quasi esclusivamente
durante le vacanze estive, In questo periodo, mentre le mogli e
i figli si trovavano in vacanza in qualche stazione balneare, i
mariti ancora impegnati nel lavoro, rimanevano per qualche
altro giorno in città. Quando la famiglia nei fine settimana si
riuniva, già allora era nettamente avvertito lo stress da lavoro
di lui, costretto a vivere in città senza il conforto e la vicinanza
della moglie e dei figli, così com'era evidente anche la stanchezza di lei, costretta ad affrontare quotidianamente tutte le
problematiche legate all'educazione e alla cura dei bambini,
senza il supporto e l'aiuto del suo uomo. Ciò provocava dei
facili contrasti e litigi, dovuti anche a frequenti e facili motivi
di gelosia.

In questo momento storico la situazione è notevolmente peggiorata. Sono numerose le coppie che vivono separate in
maniera costante per quasi tutto l'anno, a causa
dell'accentuarsi di un pendolarismo diffuso, che costringe
l'uomo a lavorare in un'altra città, dal lunedì al venerdì, mentre la moglie, sempre per motivi di lavoro o studio, si sposta
vicino alla casa coniugale e ritorna stanca e avvilita la sera,
per accudire i figli. In altre situazioni è ancora peggio: lui è
impegnato in una città distante centinaia di chilometri dalla

casa coniugale e lo stesso succede a lei, mentre i figli che studiano e vanno a scuola, sono accuditi dai nonni, i quali con fatica si rendono disponibili nel cercare di sopperire alla mancanza dei genitori.

Anche se l'obiettivo è di ricongiungersi, questa lontananza non è priva di effetti negativi: aumenta la tensione nella coppia; si aggrava l'insoddisfazione legata al proprio ruolo di marito o moglie, di padre o madre; si accentuano i conflitti per motivi di gelosia: "Cosa fa lui tutto solo in un'altra città?" "Siamo certi che lei quando esce la sera con qualche amica, esca veramente solo con qualche amica o non ci sia pure qualche amico?" Tutto ciò non fa altro che accentuare l'insoddisfazione reciproca, i sospetti e i conflitti, ai quali possono seguire anche lievi o gravi manifestazioni aggressive.

Il distacco emotivo può essere causato, oltre che dalla lontananza fisica anche da quella affettivo - relazionale. Ciò non solo a causa del lavoro ma anche per altri impegni sociali, politici o ludici, che spesso creano un notevole coinvolgimento emotivo, non permettendo di vivere correttamente l'intimità e il dialogo nell'ambito della coppia. In questi casi i rapporti amorosi sono resi difficili a causa del carrierismo, dell'ambizione personale, del desiderio di possesso e di prestigio, dalla ricerca di frequenti, egoistici passatempi. Ciò comporta un abuso delle proprie energie fisiche e psichiche, al quale possono seguire dei litigi. Questi s'innescano nel momento in cui l'altro si sente deprivato del dialogo e delle attenzioni necessarie. È molto facile, infatti, che le persone eccessivamente dedite al lavoro o ad altri impegni, portino in famiglia e nei rapporti di coppia, la stanchezza, le ansie, le frustrazioni, lo svilimento e i pensieri accumulati nella giornata.

A tutto ciò si è aggiunta, negli ultimi anni, la presenza costante, in ogni ora del giorno e della notte, degli strumenti elettronici, i quali distraggono l'attenzione di chi si sente in dovere di rispondere agli amici, alle amiche o ai compagni di lavoro, che scrivono o inviano messaggi vocali o video in maniera sistematica e continua sui vari social. Ciò crea irritazione, risentimento, cruccio e malumore nel partner, che si sente trascurato e messo da parte, a favore di altri, mentre avrebbe diritto a un maggior dialogo, ascolto e ad una più costante intimità e comunione. A sua volta quest'ultimo, che soffre di carenza di affetto e dialogo, stanco e sfiduciato, è stimolato ad utilizzare comportamenti e atteggiamenti aggressivi, sia come strumento di rimprovero e punizione, sia come estremo tentativo per riuscire ad ottenere quanto gli è dovuto.

Questi comportamenti a volte raggiungono lo scopo, per cui l'altro risponde positivamente alle legittime proteste del compagno, tuttavia può accentuarsi il divario nell'ambito della relazione se l'altro non riesce a resistere alla dipendenza dallo Smart fon. In questi casi è come se dicesse: "Ciò che tu mi chiedi è giusto, ma io non riesco a fare a meno di rispondere a chi mi contatta. Non potrò mai darti quel grande amore che tu vorresti, non riuscirò mai a manifestarti tutta la passione che tu cerchi, fattene una ragione!". In altri casi ancora da questa dipendenza possono nascere dei risentimenti, delle controaccuse e anche degli abbandoni: "Tu m'impedisci o mi ostacoli nel momento in cui sono in contatto con i miei amici e le mie amiche; non c'è dubbio che questa è un'azione brutale, egoista e prepotente: pertanto, è meglio lasciarsi".

Aggressività da eccessive attese

Se le attese che abbiamo nei riguardi della vita in generale, dell'altro sesso, dei sentimenti amorosi e delle qualità delle persone che incontriamo e di cui ci innamoriamo e se le aspettative presenti in un'unione stabile, come il matrimonio, sono realistiche, la nostra vita sarà sicuramente più serena e accettabile, poiché ogni cosa che il partner o la relazione sentimentale potrà darci ci sembrerà importante, anzi preziosa. Pertanto la soddisfazione che ne avremo compenserà certamente le eventuali frustrazioni. Se al contrario le attese sono eccessive; se non ci accontentiamo facilmente di quello che gli altri e la vita ci offrono, se dai nostri desideri e aspirazioni ci lasciamo facilmente trasportare nel mondo delle illusioni, cosicché pensiamo che riusciremo ad ottenere dalla persona che amiamo il massimo della perfezione, dell'amore, della gentilezza, dell'accoglienza, della sollecitudine e dell'onestà, in questo caso, poiché ci lasciamo trasportare da una serie di sogni irrealizzabili, è molto probabile che nasceranno insoddisfazione, sconforto e cocenti delusioni.

Di conseguenza possono sorgere nel nostro animo aggressività, livore e rabbia, nei confronti della vita in generale, ma soprattutto nei confronti delle persone a noi più vicine, che consideriamo responsabili per non averci concesso quanto sognato, desiderato e immaginato. Tutto ciò non potrà che tradursi in continue rimostranze, che potranno creare i presupposti sia per rapporti instabili e precari sia per comportamenti aggressivi e violenti.

Le illusioni nel campo affettivo – relazionale sono molte:

1. *Credere che la passione provata all'inizio del rapporto rimanga immutata nel tempo.*

Sappiamo benissimo che i cambiamenti in senso positivo o negativo dovuti all'età, alle continue, nuove esperienze e situazioni alle quali ci sottopone la vita: come le malattie, la perdita del lavoro, una nuova gravidanza o il dover affrontare situazioni difficili e confronti imbarazzanti, sono la norma e non l'eccezione. Per tale motivo piuttosto che arrabbiarci, rifiutare e opporci ai cambiamenti, difendendo rigidamente lo *status quo*, dovremmo essere pronti a sfidarli, adattandoci a essi.

2. *Credere che se qualcuno ci ama, sarà sempre in grado di capire ogni nostro bisogno, sensazione, emozione e desiderio.*

L'amore, quando è vero e reale, è un sentimento molto forte e potente, tuttavia, anche quando siamo riusciti ad esprimere al nostro partner in modo chiaro ed evidente i nostri bisogni e desideri, difficilmente lo troveremo sempre disposto ad accoglierli e soddisfarli pienamente.

3. *Credere che per amore l'altro possa snaturare le proprie caratteristiche di personalità per adattarle alle nostre.*

Ci sono sempre degli insopportabili difetti che vorremmo cancellare nella persona che amiamo, perché ci fanno innervosire, irritare o soffrire. Nello stesso tempo vorremmo che l'altro potesse acquisire, se non tutte, buona parte delle caratteristiche da noi richieste e desiderate. In realtà questa speranza non è totalmente vana. Qualche piccola modifica nel comportamento della persona con la quale abbiamo una relazione amorosa, è possibile, ciò che è illusorio è che avvenga un cambiamento radicale. È necessario allora fare delle scelte oculate, prima di iniziare un rapporto amoroso, piuttosto che chiedere per amore, in un momento successivo, un impossibile cambiamento.

4. *Credere che l'altro abbia le qualità che scorgiamo durante la fase dell'innamoramento.*

Una delle principali illusioni riguarda la fase dell'innamoramento. I libri, i tanti film, le soap opere e le riviste, con o senza carta patinata, negli anni ci hanno suggerito, fino a convincere molti di noi, che tutto ciò che crediamo e sogniamo, quando siamo in preda a una sconvolgente passione, sia qualcosa di reale e concreto, mentre dovremmo sapere molto bene che così non è. Le emozioni anche molto intense, vissute durante la fase dell'innamoramento, sono spesso delle vere e proprie illusioni mentali, nelle quali i nostri sogni, i nostri bisogni interiori, i nostri desideri, le nostre aspirazioni, sono proiettati su un altro e per ciò stesso diventano veri e concreti per noi, ma solo per noi e solo durante questo particolare, roseo periodo. Il corpo che abbracciamo è certamente reale e concreto ma la parte più intima e profonda di quella persona in quei momenti ci sfugge quasi totalmente e solo in seguito dovremo imparare a conoscerla, capirla e accettarla.

5. *Credere che esista in qualche parte del mondo la donna e l'uomo che si adattino perfettamente a noi.*

Alcuni sprecano tutta la loro vita nella ricerca "dell'altra metà della mela" e cioè della persona che riesca non solo a capirli fino in fondo ma che sia anche disposta ad accontentare e soddisfare tutti o quasi tutti i loro bisogni e desideri. Tuttavia questi desideri e questi bisogni nel nostro tempo sono diventati talmente numerosi e spesso anche contrastanti, che sarebbe veramente un miracolo trovare qualcuno che riesca ad appagarli realmente. Pertanto crediamo sia molto più conveniente impegnarsi ad amare e rendere stabile e produttivo un legame con una persona la quale, pur avendo dei limiti e dei difetti, ha anche dei pregi che possiamo scoprire, coltivare e valorizzare.

6. *Credere che lo stare insieme o lo sposarsi sia fonte di perenne gioia, se non di piena e totale felicità.*

Questa convinzione ci spinge a pensare che la persona amata abbia il dovere di darci tutta la gioia e la felicità che sogniamo e alla quale aspiriamo. In questo caso non si riflette abbastanza sul fatto che anche soltanto uno stato di sufficiente benessere interiore, dipende da molteplici fattori, legati solo in parte, alla realtà attuale. Molti elementi del nostro benessere o malessere dipendono più dalle esperienze del passato che da quelle del presente. Pertanto la persona amata può solo aiutarci a vivere meglio e con più serenità, ma non potrà modificare, se non in piccola parte, i nostri più profondi vissuti interiori, quando questi sono frutto di traumi o disturbi psichici che traggono la loro origine dal nostro lontano passato.

Il desiderio di potere e possesso

Un altro motivo che stimola le coppie a comportamenti aggressivi è legato all'accentuata voglia di esercitare il proprio potere sull'altro. Il movente del potere e del possesso è frequentemente originato dall'impellente desiderio infantile di pretendere per sé una posizione di maggior controllo sugli altri o di possedere in modo esclusivo un oggetto, un lavoro, un ruolo od una funzione.

Questi comportamenti sono molto frequenti nei bambini per cui il fratello maggiore ama strappare la palla dalle mani del fratellino più piccolo, debole e indifeso, non perché questi non gli permetta di giocare ma solo per esercitare un potere su di lui. Come dire: "Io sono più grande e più forte di te. Io sono quello che comanda, tu sei quello che deve ubbidire". A sua volta il bambino più piccolo, se è abbastanza furbo, riesce anche lui ad esercitare il suo potere sul più grande, piangendo e strillando a più non posso, così da costringere i genitori esasperati, ad accontentare le sue richieste, togliendo al fratello più grande, per darlo a lui, l'oggetto desiderato. Anche in questo caso, pur se indirettamente, il bambino piccolo, nonostante sia meno forte e indifeso, riesce lo stesso a procurarsi e utilizzare, tramite l'autorità genitoriale, un grande potere.

Questi comportamenti sono presenti anche negli adulti, quando questi fanno di tutto per imporre la propria volontà agli altri. I ricatti esercitati dagli uomini sulle donne possono essere di questo tenore: "Lasciami andare alle partite di calcio senza protestare, se no ti lascio e vado a cercare una ragazza più giovane e più accondiscendente di te". O peggio ancora: "Lascia in pace me e la mia amante se no ti picchio". I ricatti femminili possono essere di altro genere, ma sono altrettanto stringenti, pressanti e dello stesso tenore, poiché contengono la stessa brama di potere: "Pulisci i piatti e aiutami a sistemare la cucina, se vuoi fare all'amore con me stasera". Oppure: "Dammi i soldi che ti ho chiesto, se vuoi vedere i tuoi figli". O peggio ancora: "Se non mi dai ciò che ti ho chiesto, ti accuso di maltrattamenti e di violenza e ti faccio marcire in galera per anni".

Così come quando un bambino picchiato dai compagni apprende che è necessario difendersi e picchiare a sua volta, altrettanto succede nelle relazioni tra adulti: quando uno dei due esercita ingiustamente il suo potere sull'altro, quest'ultimo si sente autorizzato a rispondere, ingigantendo le minacce o peggio le manifestazioni aggressive. "Se tu minacci di denunziarmi per violenza, io ti accuserò di abbandono di minore!"

Ciò avviene sovente nella nostra società e nel nostro periodo storico. Poiché si è affermata la cultura del predominio del più forte e del più prepotente, si crede di poter realizzare qualsiasi cosa, di soddisfare qualsiasi desiderio, utilizzando l'arroganza, i ricatti, le prepotenze e le minacce. Questo tipo di cultura ha coinvolto anche le relazioni tra i sessi. Dice Bonino (2005, p.15): "... si evidenzia anche un facile e disinibito ricorso all'aggressione, nel tentativo di imporre agli altri il proprio volere, o addirittura di distruggerli quando questo non è possibile". Per Dacquino (1994, p. 264): "Proprio perché comporta l'incontro – scontro di due personalità, l'amore è anche un reciproco tentativo di affermarsi, per cui diventa terreno di sfida e di competizione tra uomo e donna".

In definitiva, quando qualcuno avverte che l'altro ha dei comportamenti prevaricatori, si sente autorizzato a servirsi delle stesse modalità negative, se non più gravi, per difendersi e vendicarsi della violenza subita. Ciò innesca una spirale perversa, nella quale l'aggressività e la violenza, a volte nascoste, ma più spesso manifeste e presenti, possono diventare nel tempo sempre più intense, gravi e distruttive.

Questo desiderio di potere si è sviluppato soprattutto quando è iniziata la competizione tra i sessi e quando si è affermata l'idea che i ruoli "devono" essere uguali: in famiglia come in politica; nel lavoro come nelle relazioni; pena il sentirsi inferiore all'altro. Pertanto la giusta ricerca di una compiuta uguaglianza e dignità della donna si è trasformata nel tempo, in una lotta per il potere, nella quale è possibile utilizzare tutte le armi a disposizione: politiche, legali, psicologiche e fisiche, pur di sottomettere, schiacciare, costringere e, se possibile, annullare l'altro sesso. È evidente che in una situazione di conflitto costante, nascano e si sviluppino sempre più, tra i generi, dei comportamenti aggressivi e violenti che è difficile, se non impossibile riuscire a gestire e controllare.

È palese come questa non sia la migliore modalità relazionale. L'incontro tra un uomo e una donna, ma anche le relazioni tra omosessuali, transessuali e altri generi sessuali, non dovrebbero essere vissuti come un terreno di conquista, confronto e scontro e certamente non dovrebbero portare al predominio e alla prevaricazione di un sesso sull'altro. Se si utilizza questo tipo di comportamenti, le possibilità di vivere bene e in pace le relazioni diventeranno sempre più un'eventualità rara o mancheranno del tutto. Questi incontri e queste relazioni dovrebbero, al contrario, permettere lo sviluppo di un'intesa, un aiuto e un sostegno reciproco, non solo utile ma direi indispensabile per vivere e collaborare, mano nella mano, in un clima di serenità e pace.

Difesa dei diritti e scarsa propensione ai doveri.
Nell'attuale società, uno dei motivi di aggressività tra i sessi è dato dal notevole aumento di atti e comportamenti rite-

nuti necessari alla difesa di alcuni diritti, considerati importanti e sacrosanti da uno dei due, mentre non sono ritenuti tali, non sono accettati e pertanto in vari modi sono ostacolati, dall'altro. Nel momento in cui quest'ultimo non concede quanto richiesto, nasce l'impellente bisogno di esercitare la propria vendetta o ripicca, in modo tale che compensi "l'ingiustizia" subita o la sofferenza provata.

Quelli che sono ritenuti dei propri "diritti" possono nascere dai bisogni personali, dai sentimenti che si provano in quel momento, dalle tradizioni e dai ruoli che la persona ricopre, dalle leggi dello stato; dalle sentenze dei giudici e così via e possono variare in base all'età, al sesso e alle consuetudini del luogo. Pertanto ogni persona, nelle varie età della vita, avverte dei personali bisogni ai quali non vuole e non intende rinunciare.

Coloro che dovrebbero soddisfare questi bisogni sono spesso le persone che amiamo di più, le quali, tuttavia, non sempre sono in grado di ottemperare a quanto richiesto. Facciamo qualche esempio.

Per i bambini i diritti sono spesso dovuti al bisogno e alla gioia di scoprire il mondo che li circonda e al piacere di sperimentare se stessi: le proprie capacità sensoriali, la propria forza fisica, l'agilità motoria. I piccoli sentono intensamente il diritto di scoprire e conoscere come sono fatti gli altri esseri viventi, gli oggetti, i materiali e gli strumenti presenti nel mondo che li circonda. Ciò fanno correndo e saltando da una parte all'altra della casa; smontando e spesso distruggendo i giocattoli, disegnando e colorando dove capita, inventando storie, perseguitando i poveri animali presenti in casa, verso i quali non rinunciano al piacere di tirar loro la coda e le orecchie o di abbracciarli così forte da far loro male.

E guai a chi non accetta la loro insaziabile voglia e piacere finalizzati alla ricerca e alla scoperta. Quando i genitori o i nonni richiamano la loro attenzione, chiedendo di smettere di fare il gioco o l'esperienza che il quel momento stanno conducendo, perché non è giusto distruggere il giocattolo ancora nuovo e ben funzionante, maltrattare gli animali, decorare il corridoio o la stanza da pranzo con i loro graffiti, papà e mamma sono visti non solo come dei disturbatori e degli intrusi, ma anche come dei violenti persecutori, che impediscono di fare quanto ritengono essere un loro sacrosanto diritto. Per tale motivo si sentono nel giusto mentre gridano, piangono e protestano vivacemente.

Per gli adolescenti l'affermazione e la difesa ad oltranza dei propri diritti è strettamente legata alla ricerca di una maggiore libertà e autonomia nell'agire e nelle scelte da compiere, soprattutto nel campo delle amicizie, dei giochi, dei divertimenti, ma soprattutto nei riguardi della loro vita sentimentale e sessuale. Pertanto, di fronte ai genitori, agli insegnanti e agli adulti in genere, è come se continuamente affermassero ed elencassero questi loro "diritti", come se questi fossero contemplati, a lettere d'oro, negli articoli della carta costituzionale.

"Io ho diritto di uscire in piazzetta tutte le sere insieme ai miei amici, di avere come questi il cellulare di ultima generazione, di andare in discoteca o in pizzeria ogni venerdì e sabato sera, tornando la mattina dopo". E poi di seguito: "Io ho anche il diritto di frequentare la ragazza (o il ragazzo) che più mi piace, che più mi fa divertire, di fare e possedere tutto quello che fanno e hanno i miei amici" e così via. "Pertanto, chiunque non accetta le mie richieste e non acconsente ad esse, è da considerarsi ingiusto e cattivo, per cui è lecito che io mi ribelli vivacemente e se è il caso lo aggredisca con le mie parole e i miei comportamenti".

Ma anche *gli adulti* non mancano di affermare e rivendicare, nei confronti del partner, dei diritti che giudicano legittimi e sacrosanti.

I diritti dei maschi adulti riguardano, ad esempio, giocare a calcetto tutti i sabati; correre in bicicletta la domenica mattina con gli amici; gareggiare con le moto o con le auto. In altri momenti e per altri adulti più pantofolai i bisogni sono di tutt'altro genere, come: assistere a tutte le partite o agli altri sport trasmessi dalla tv, andare al campo sportivo la domenica o recarsi al bar per chiacchierare e giocare con gli amici, fare in compagnia di questi qualche viaggio di piacere, e così via.

Pertanto, quando la fidanzata, la compagna o moglie che sia, si oppone a tutto ciò, assume facilmente la veste di irriducibile nemica guastafeste.

Allo stesso modo anche le donne adulte sentono di avere altrettanti bisogni da soddisfare come: andare per negozi per fare shopping in tutte le stagioni, senza porre troppa attenzione al portafoglio e senza badare alla lunghezza delle gonne ed alla profondità delle scollature, sistemare frequentemente la propria capigliatura dal parrucchiere, chiacchierare per ore con le amiche, vedere alla tv le telenovele che fanno battere forte il cuore, chattare in ogni momento della giornata in tutti i gruppi nei quali sono iscritte, inserire le ultime foto o le loro ricette su

Facebook, e così via. Pertanto il marito, il fidanzato o compagno, quando osano opporsi a questi e ad altri desideri e bisogni che le donne sentono di dover soddisfare, si prenderanno facilmente l'appellativo di "retrogradi, violenti e prepotenti maschilisti".

Ci sono poi dei nuovi ed entusiasmanti "diritti", strettamente legati al sesso, alle emozioni e ai sentimenti del momento, ritenuti un po', ma solo un po', troppo spinti, ai quali tuttavia le moderne società offrono una notevole dose di comprensione e accettazione. Sono il diritto di correre dietro ogni gonna o pantaloni che si trovano nei paraggi, che può procurare vivo piacere ed eccitazione o quello di lasciar correre a briglia sciolta le emozioni amorose, quando queste fanno battere forte il cuore.

In queste, e in tante altre occasioni, appare inutile far notare che accanto ai tanti "diritti", che ognuno di noi proclama, dovrebbero riconoscersi altrettanti doveri: nei confronti della persona che ci sta accanto, verso i figli, verso la rete familiare e verso la società, in relazione al lavoro, ma anche in ordine alla morale o al semplice buon gusto.

Purtroppo il numero e la quantità di questi "diritti" si sono nel tempo moltiplicati a dismisura in tutte le età e in entrambi i sessi, a causa della martellante pubblicità, presente in ogni ora del giorno e della notte in tutti i mezzi di comunicazione di massa. Pertanto quando qualcuno accenna a limitarli o indirizzarli correttamente, sopravviene o si accentua immediatamente uno stato di frustrazione, che alcuni soggetti non riescono a sopportare e pertanto reagiscono con manifestazioni aggressive e violente.

La separazione e il divorzio

La possibilità di sciogliere in ogni momento il vincolo matrimoniale ha fatto cambiare profondamente la percezione e il valore della famiglia e, di conseguenza, ha modificato in peggio la responsabilità nei confronti dei figli. Il "… finché morte non vi separi" tipico del matrimonio di un tempo, è stato messo ai margini della coabitazione temporanea dettata dal più prosaico "…vediamo se funziona" e infine è stato sostituito da un modello flessibile, part-time dello "stare insieme". Si pensa che si possa "entrare e uscire" impunemente da un legame sentimentale con un *click*, come se fosse una relazione virtuale (Pirrone, 2014). Pertanto, non affrontando con la necessaria convinzione e impegno la vita in comune, la famiglia nasce già negativamente segnata fin dal suo inizio (Volpi, 2007, p. 62).

Per lo stesso autore Volpi (2007, p. 15):

"Uno degli effetti immediati della legge sul divorzio si manifestò in un aumento del numero e dell'incidenza percentuale dei matrimoni civili; non clamoroso, ma certamente consistente e significativo, che soprattutto non si sarebbe più fermato. L'ascesa dei matrimoni civili parte da qui, nel senso che è indissolubilmente legata all'introduzione della legislazione del divorzio nel nostro paese".

Se interpretiamo correttamente quest'aumento dei matrimoni civili, non vi è dubbio che esso ha il significato di "lasciare una porta aperta" ad un eventuale e probabile divorzio. Cosicché, dall'entrata in funzione di questa legge, si è perso nelle coppie il senso che l'unione sia per tutta la vita.

Ma insieme alle sempre più frequenti fratture del matrimonio si è assistito nel tempo anche ad un aumento della conflittualità tra i coniugi, non solo durante il tempo più o meno lungo dell'unione di coppia, ma anche nelle fasi successive alla separazione. Per Ajuriaguerra (1995, p. 71) in tutte le condizioni di destrutturazione sociale l'aggressività nei singoli aumenta notevolmente, proprio per la mancanza del sostegno reciproco. Statisticamente i periodi che generano i più gravi stress e le più forti tensioni, nell'ambito della coppia, riguardano i giorni o i mesi nei quali si attua la separazione o il divorzio. Ciò avviene soprattutto quando la coppia si affida al sistema giudiziale con il suo corollario di testimonianze e prove, non sempre spontanee e sincere; con i suoi documenti, non sempre fedeli e veritieri; con richieste e comportamenti, che quasi sempre contengono dei secondi fini a favore di una delle controparti. Questi stress e queste tensioni facilmente si ripercuotono sui singoli individui, generando notevoli manifestazioni di aggressività reciproca ed a volte atti di gravissima violenza.

La separazione e il divorzio non rappresentano soltanto un allontanarsi dall'altro. Separazione e divorzio sono in realtà uno strappo importante che coinvolge e sconvolge una comunità molto ampia di soggetti. Oltre la coppia direttamente interessata, esso trascina in un grave malessere gli eventuali figli e familiari, dell'uno e dell'altro coniuge, ma anche gli amici intimi dei due e la comunità nel suo complesso. Il momento della separazione è vissuto, in molti casi, come un'insopportabile lacerazione della propria vita e del proprio cuore. Come accendendo un fiammifero in una santabarbara, le esplosioni di emozioni che ne possono conseguire sono drammatiche. Come un fuoco che dilaga in un'arida prateria, mentre spira il vento caldo del sud: l'ansia, la collera, i timori che si diffondono e sconvolgono gli animi degli interessati sono ingovernabili.

Il separarsi e il divorziare coinvolgono e sconvolgono profondamente l'ambiente fisico e quello psicologico, le emozioni e gli affetti, le abitudini e i consueti stili di vita, il benessere interiore ma anche quello economico di chi, anche se solo marginalmente, è in qualche modo implicato in queste tristi vicende. Nascono rimpianti, sensi di colpa, accuse, recriminazioni, ma anche una serie di prevaricazioni psicologicamente insostenibili a causa della loro intensità e del loro perdurare nel tempo.

Nonostante le emozioni che sconvolgono gli animi degli individui siano spesso considerate consequenziali ai conflitti preesistenti durante il matrimonio o la convivenza, sono proprio i momenti della separazione e del divorzio a far esplodere le pulsioni più violente e distruttive.

Per Hacker (1971, p. 145):

"L'improvvisa liberazione dell'aggressività in seguito allo scioglimento del vincolo, alla perdita di persone di riferimento o all'espulsione del gruppo, porta alla sua introiezione sotto forma di stati depressivi ("ben mi sta, non merito di meglio") o di complessi di colpa quando si perde una persona cara ("ho fatto davvero tutto il possibile?") Nonché alla sensazione di inutilità e rabbia impotente che, a loro volta, provocano l'aggressività indistinta e incontrollata".

Per Ackerman (1968, p. 193):

"Va anche ricordato che, per i genitori, non vi può essere un divorzio totale. Sebbene divisi in modo definitivo in quanto coppia sessuale, essi rimangono permanentemente legati alla comune responsabilità per la cura dei loro figli, e in qualche caso questo legame diventa una fonte di sofferenza per molti anni".

Nell'ambito della famiglia è facile che uno o entrambi i membri della coppia, senza avere la maturità e la consapevolezza delle dinamiche relazionali in gioco e senza comprendere la gravità di quello che stanno compiendo, mettano i figli l'uno contro l'altro genitore; lasciando che si creino delle alleanze patologiche: maschi contro femmine, madre con il figlio contro il padre e la figlia (Ackerman, 1970, p. 82). In tal modo essi accentuano la sofferenza e il disagio dei minori, i quali, a loro volta, soffrendo di maggiore irritabilità, aggressività e instabilità, sia durante l'infanzia sia nell'età adulta, continueranno ad alimentare nell'ambito familiare e sociale un circolo vizioso, sempre più distruttivo e incontrollabile.

Dalle separazioni e dai divorzi tenderanno a crescere, inoltre, delle generazioni il cui senso innato della stabilità del matrimonio è stato profondamente scosso dalla precoce esperienza del divorzio e dal vivere in famiglie spezzate e ciò influenzerà certamente le future relazioni, rendendole sempre più fragili ed evanescenti (Harding, 1951, p. 233).

Per Maccoby et al. (1993, pp. 24-38) dopo il divorzio tra i coniugi si vengono a strutturare fondamentalmente tre tipi di comportamenti:

1. *Cooperativo*. In questi casi i genitori parlano tra loro, discutono dei problemi della famiglia, non si squalifi-

cano reciprocamente e cercano di coordinarsi nelle attività in favore dei figli. Ad esempio:" Io accompagno a scuola Giulio; tu, per piacere, pensa a riprenderlo quando esce". Oppure: "Mentre tu porti la nostra piccolina dal dottore, io mi occupo di parlare con gli insegnanti di Francesco". E così via. Purtroppo quest'atteggiamento o comportamento cooperativo, nella ricerca effettuata da parte degli autori suddetti, dopo diciotto mesi dalla separazione, riguardava solo un quarto circa dei soggetti del campione studiato.

2. *Disimpegnato.* In questi casi i genitori non comunicano tra loro e non collaborano reciprocamente. Per quanto riguarda i figli è come se questi vivessero in due mondi separati. Ad esempio, il sabato e la domenica stanno con il padre, mentre durante la settimana sono totalmente gestiti dalla madre. Quando uno dei due si rivolge con acredine all'ex marito o moglie, fa delle raccomandazioni di questo tipo: "Come abbiamo concordato con il giudice, ricordati di prendere Mario davanti alla porta di casa, alle sedici di sabato e riportarlo alle diciotto della domenica, non prima e non dopo, se no mi rivolgo al mio avvocato e ti faccio passare dei guai seri". Questo comportamento, solo apparentemente cooperativo, viene attuato solitamente quando si hanno dei figli abbastanza grandi e coinvolge circa un terzo del campione esaminato.

3. *Ostile.* In un terzo dei casi i genitori separati mantengono tra loro dei contatti ma questi sono gestiti in modo sistematicamente astioso. Poiché permane in ognuno di essi il bisogno di vendicarsi e far del male all'altro, sono evidenti, nei loro rapporti, la persistenza

di aggressività e conflittualità, così come sono evidenti i tentativi tesi a sabotare il benessere e la tranquillità dell'altro. Nei separati e divorziati che assumono un comportamento ostile, ad esempio, per evitare che lui o lei esca il sabato sera con il nuovo legame sentimentale, l'ex coniuge cercherà di ostacolare questi incontri sentimentali frapponendo qualche impedimento: "Purtroppo questo sabato non potrò tenere i bambini perché dovrò farmi visitare dal medico". Oppure: "Tu puoi stare con i tuoi figli quando vuoi, ma quella donnaccia con cui convivi non deve stare mai accanto a loro". La qual cosa, naturalmente è impossibile che sia attuata. Questa limitazione ha il solo scopo di contribuire a creare scompiglio nella nuova coppia che si sta formando o si è già formata.

Con il trascorrere del tempo il comportamento disimpegnato diventa quello più comune e non ha molto valore il tipo di affidamento attuato in sede giudiziaria. I genitori più conflittuali sono quelli che, dopo la separazione, devono provvedere a figli piccoli, quelli che hanno molti figli, ma anche quelli che hanno intrapreso delle nuove relazioni.

Aggressività durante e dopo la separazione

I motivi della conflittualità durante e dopo la separazione sono tanti.

1. L'invidia e la gelosia

L'atto di separarsi e allontanarsi fisicamente dal proprio uomo o dalla propria donna, per andare a vivere in un'altra casa, intrattenendo delle nuove relazioni, spezza molti equilibri preesistenti che, bene o male, tenevano sotto controllo le emozioni più intense. Alla sofferenza subìta durante il matrimonio o la convivenza si somma quella che scaturisce durante e dopo la separazione. La libertà ritrovata, nella nuova condizione di separati, stimola entrambi a cercare nuove avventure sentimentali, che si concludono con delle relazioni non sempre più stabili di quelle precedenti e che aggiungono altro amaro in bocca ai divorziati.

Spesso si vengono a creare nuovi e a volte più intensi motivi di conflitto, legati all'esplosione della gelosia e dell'invidia. Sapere che altri hanno le parole, i baci, le carezze e il corpo della persona che si è tanto desiderato, sognato e amato, con la quale si è convissuto per tanti anni e con la quale si è costruita una famiglia, suscita intensi sentimenti di acredine, gelosia e rivalità che è molto difficile controllare e contenere: "Perché neanche il tempo di separarci e lui ha un'altra? Cos'ha questa che io non ho? È forse più bella o più interessante di me? Sa ascoltarlo e capirlo più di quanto non abbia saputo fare io?" Oppure da parte dell'uomo: "Lei si è messa subito con il nostro migliore amico. Sicuramente c'era qualcosa anche prima. L'ho sempre detto che era una donnaccia, che non si vergogna di portare a casa nostra il suo amante, presentandolo e facendolo convivere con i nostri figli come se nulla fosse". Da tutto ciò non possono che nascere dei dolorosi sensi d'impotenza, rabbia e collera, che sono accentuati anche dalla perdita dell'autostima.

Non è difficile che passino davanti alla mente dei separati, come in un doloroso caleidoscopio, una serie d'immagini che possono sconvolgere anche la mente più posata ed equilibrata. Immagini dell'ex partner che, finalmente libero se la spassa con un altra, utilizzando forse proprio la casa di proprietà, comprata insieme a costo d'immensi sacrifici, per organizzare dei festosi, intimi incontri, senza preoccuparsi minimamente del dolore, del disagio o peggio della disperazione e della gelosia che questi comportamenti provocano in chi è stato lasciato.

D'altra parte le due reti familiari, ma anche amicali, piuttosto che essere d'aiuto e di sostegno alla coppia, frequentemente alimentano e rinfocolano la conflittualità: "Come puoi accettare che il tuo ex se la spassi con quella ragazza, mentre tu sei costretta ad occuparti dei suoi figli giorno e notte?" Oppure: "Come puoi restare indifferente verso quella donnaccia che in maniera spudorata fa entrare nella casa, che tu hai comprato con i tuoi soldi e il sudore della tua fronte, il suo nuovo amico?"

2. Le motivazioni economiche

Tra i tanti motivi che fanno permanere anche dopo il matrimonio notevoli conflitti, vi sono sicuramente le motivazioni economiche. Ognuno dei due ex coniugi cerca in tutti i modi di pretendere e prendere per sé quanto più possibile, ma anche di togliere all'altro più che può, al fine di vendicarsi e fargli quanto più male possibile. La guerra economica, fomentata dagli avvocati e dai parenti dell'uno e dell'altro, si protrae spesso per decenni. Questo stato di continuo, perenne conflitto esaspera gli animi e rende incandescente il clima tra i due, anche perché la separazione comporta spesso per entrambi un peggioramento delle condizioni economiche. Gli stipendi di entrambi, quando ci sono, sono sistematicamente falcidiati a causa delle nuove spese, come quelle per gli avvocati e per i periti; ma anche per essere costretti a far fronte a due abitazioni, con conseguente raddoppio delle utenze a queste collegate:

acqua, luce, gas, telefono, tasse per la casa, per la raccolta dei rifiuti e così via.

3. *La cura e la gestione dei figli*

Un altro motivo che innesca nuovi e frequenti conflitti, riguarda la cura, l'educazione e la gestione dei figli. Educazione, cura e gestione che, in queste occasioni, diventano notevolmente più complesse e difficili. Lo sviluppo umano dei minori richiede una presenza costante di persone serene, adulte e mature, che sanno essere di esempio, guida e stabile punto di riferimento. È gravemente illusorio immaginare che un educatore possa tranquillamente sostituirsi ad un altro o che un affetto possa tranquillamente essere sostituito da un altro o che una casa possa essere abbandonata per un'altra, senza che i minori ne risentano un danno. Danno che in alcuni casi può essere lieve ma che, in tante situazioni, può essere tanto grave da destrutturare o far regredire in maniera notevole e stabile, la fragile personalità dei più piccoli.

Ogni figlio vorrebbe amare e rispettare entrambi i genitori, giacché la sua tranquillità, la sua gioia, la sua fiducia nella vita e nel mondo, la sua serenità interiore, sono riposte quasi esclusivamente in loro. Per tale motivo la sofferenza è grande quando è costretto a scegliere l'uno piuttosto che l'altro. Allo stesso modo i minori soffrono e provano intensi sensi di colpa, difficilmente gestibili, quando sono costretti a voler bene e frequentare soltanto i nonni e i parenti materni o soltanto quelli paterni. Il fanciullo entra in un circolo vizioso poiché il comportamento che fa piacere a un genitore suscita il rifiuto dell'altro (Lidz, 1977, pp. 65-66).

Difficilmente gestibile è anche il conflitto interiore, quando i figli si accorgono che il loro schierarsi a favore del genitore con il quale sono affidati, con il quale restano più a lungo e che ha maggiore cura di loro, nasce spesso non da una scelta oggettiva, ma dalla maggiore possibilità che questi ha di parlar male e accusare l'altro, ma anche dalla paura di rischiare di perdere l'appoggio e il legame dell'unica persona che si occupa di loro. Questa conflittualità provoca e aggrava la già difficile e delicata vita interiore dei figli dei separati e può innescare disturbi psicologici di varia gravità, che alterano i rapporti che essi hanno con se stessi, con i coetanei, con la scuola, con gli insegnanti e, soprattutto, con uno o con entrambi i genitori.

Spesso i minori, provati dai tanti dissidi e dallo scombussolamento della loro vita intima e relazionale, provano disistima sia verso la madre sia verso il padre in quanto, con i loro comportamenti incongrui, non sono riusciti a mantenere quel clima di pace e serenità che essi si attendevano e ed al quale avevano diritto. I genitori perdono autorevolezza ai loro occhi non solo per il modo con il quale si erano comportati quando stavano insieme, ma anche per come giornalmente si comportano da separati. Ad esempio, quando, come fossero ragazzini adolescenti, iniziano a frequentare nuovi uomini e nuove donne, non tenendo in alcun conto i bisogni e i desideri dei loro piccoli, i quali vorrebbero invece che papà e mamma, dopo il periodo tempestoso, si decidessero a non più litigare e a far pace riunendosi nuovamente. E nel caso che ciò non fosse proprio possibile, che almeno evitassero di frequentare altre persone, alla ricerca di nuovi amori o semplicemente di nuove avventure sentimentali, occupandosi principalmente di curare le ferite inferte al loro animo. È infatti molto difficile per un figlio immaginare ed accettare che i propri genitori amoreggino, si fidanzino, abbiano delle "storie" o rapporti sessuali con persone diverse dalla loro madre e dal loro padre.

Quando poi, con i nuovi matrimoni o convivenze, entrano nella vita dei figli nuove figure a loro sconosciute e spesso istintivamente rifiutate: nuovi nonni, nuovi zii, nuove sorellastre e fratellastri, verso i quali non vi è alcun legame preesistente, ma soprattutto non vi è alcun desiderio di accoglienza, i loro problemi non sempre migliorano! Spesso questi nuovi rapporti, non desiderati e non cercati, provocano nei figli ulteriori severi giudizi verso chi continua a sconvolgere il mondo nel quale fino a quel momento essi erano vissuti.

I figli sono costretti a subire anche gli effetti di una maggiore irritabilità e gelosia da parte di uno dei genitori. Poiché: "Quando l'unità coniugale si è infranta e uno dei due coniugi si sente escluso, le paure di castighi e ritorsioni che incombono sul bambino non sono soltanto proiezioni del suo desiderio di liberarsi di un genitore, ma si basano sull'effettiva presenza di un genitore geloso e ostile nei suoi confronti" (Lidz, 1977, pp. 72-73).

Infine, non è facile da parte dei figli accettare che i genitori, da separati, continuando a guerreggiare in modo aperto o sotterraneo, li coinvolgano direttamente come spie di quello che l'altro fa o non fa, di quello che l'altro dice o non dice, di quale persona l'altro frequenta. Il loro giudizio diventa ancora più severo, quando si accorgono di essere usati come armi improprie, per accusare o denigrare l'altro genitore, per sottrargli più denaro o per colpirlo e ferirlo in maniera più dolorosa.

Infine per dei separati o divorziati, così psicologicamente provati, è difficile mantenere una corretta linea educativa. Spesso, pur di accaparrarsi l'amore di qualche figlio, entrambi gli ex coniugi tendono ad assumere un comportamento nettamente permissivo o altalenante. D'altra parte come fare ad attivarsi come coppia genitoriale? Come fare a decidere in piena armonia e intesa che cosa fare e come educare al meglio i figli dovendo necessariamente accogliere le proposte o le indicazioni che provengono dalla persona che più si odia, dalla persona che ha tradito tutte le loro aspettative, della persona che più si disprezza? Da quanto abbiamo detto, è facile comprendere come sia difficile per i genitori separarti o divorziati l'educazione dei figli, ma anche semplicemente la loro normale gestione quotidiana.

Conseguenze sui figli

Per tutelare il benessere di un minore è necessario tutelare il suo ambiente affettivo. Questo è costituito, fondamentalmente, dalle relazioni esistenti tra e con le persone a lui più vicine e più care al suo cuore: i suoi genitori e i suoi familiari. Un rapporto armonico, sereno e affettuoso è per ogni figlio la fonte principale della sicurezza fisica ed emotiva. Questa sicurezza è indispensabile per il suo sviluppo fisico ma soprattutto per il sano sviluppo dell'Io di ogni piccolo che viene al mondo. La serenità che nasce dall'avvertire attorno a sé un clima d'intesa, collaborazione e sostegno reciproco, è indispensabile per il formarsi di una solida identità personale, atta ad affrontare efficacemente i tanti eventi critici presenti nella vita di ogni essere umano. Per tale motivo i rapporti tra i genitori (*rapporti coniugali*) e quelli tra genitori e figlio (*rapporti genitoriali)*, anche se fondamentalmente diversi, sono strettamente legati gli uni agli altri, tanto che non è possibile scinderli, poiché fanno parte dello stesso sistema familiare.

Sappiamo che tra un padre e una madre vi è un mutuo interesse nel crescere congiuntamente i loro figli, per cui quando tra papà e mamma è presente una buona intesa, questi riusciranno a lavorare insieme, supportandosi reciprocamente, così da collaborare strettamente al lungo, complesso impegno che ha come obiettivo la strutturazione della personalità dei loro piccoli. In un *sistema coparentale funzionale,* quando nascono dei problemi o dei disaccordi, i genitori sono perfettamente in grado di lavorare insieme per risolverli. Per ottenere ciò una coppia funzionale riesce ad essere aperta e disponibile verso i bisogni e le aspirazioni dell'altro, creando un clima affettivo nel quale il figlio si ritrova a suo agio. Ed è per tale motivo che le coppie soddisfatte da un punto di vista coniugale hanno la possibilità di dimostrare, nei confronti dei figli, più calore, più dialogo, più cooperazione e più sensibilità nei confronti dei loro bisogni. Con tali preziosi apporti i figli avranno maggiori possibilità di crescere affettivamente ed emotivamente sani e di introiettare molto più facilmente norme, regole, esperienze, abilità relazionali, possibilità di scambi, espressioni affettive, nonché strategie adeguate alla risoluzione dei futuri conflitti con i coetanei e gli adulti.

Per tale motivo se durante il matrimonio sono presenti degli intensi ed eclatanti conflitti, quando questi cessano con la separazione, ciò può apportare giovamento ai figli, i quali non sono più costretti ad assistere a quotidiane aggressioni e violenze verbali o fisiche tra i genitori. Tuttavia, se dopo il matrimonio questi comportamenti irritanti e aggressivi perdurano o si accentuano, il danno che i minori ne hanno, dovendo tra l'altro vivere senza l'apporto di uno dei genitori, aggrava il loro status psicologico, già molto provato.

Come conseguenza di ciò si possono avere una serie di disturbi psicoaffettivi, più o meno gravi, ma sempre limitanti il normale sviluppo dei minori. Questi disturbi sono più gravi quando è presente solo un figlio unico, rispetto a quando vi sono più fratelli e sorelle che possono, con la loro presenza, la loro relazione affettiva, attenuare o limitare l'eventuale danno.

Nei genitori separati nei quali perdura lo stato conflittuale si evidenziano spesso segnali di carenze affettive, mancanza di equilibrio psichico, deficit cognitivi, senso di solitudine, depressione, difficoltà relazionali, facili comportamenti devianti, condotte asociali o antisociali, pigrizia, mancanza d'impegno e fenomeni d'auto-colpevolizzazione in rapporto alla separazione dei genitori.

Per Lidz (1977, p. 69): "Più spesso di quanto non appaia da uno studio superficiale, i figli cresciuti in famiglie ove esistono tendenze disgregatrici tendono a manifestare una scissione della struttura dell'Io. La definitiva frattura tra i genitori sul piano della realtà dà luogo, in seguito all'introiezione, a un'analoga frattura sul piano psichico".

La non accettazione delle differenze di genere

Uno dei motivi più frequenti di conflitto tra uomini e donne, è attualmente dovuto alla non accettazione delle differenze di genere. Queste sono presenti in molti campi: nella comunicazione, nel diverso modo di vivere e gestire la sessualità, nell'abbigliamento, nella diversa prospettiva storica e temporale, nell'approccio alle attività lavorative, nello stile educativo, nel campo affettivo ed emotivo, nella cura della persona, nei gusti nonché nelle scelte che sono quotidianamente effettuate.

Mentre nell'educazione tradizionale, i diversi comportamenti che caratterizzano i due generi sono da entrambi i sessi e dagli ambienti sociali, accettati e valorizzati, per l'importanza che queste diversità hanno nelle relazioni familiari, nel campo sociale ed educativo, da vari decenni ormai, nella nostra società, queste caratteristiche specifiche sono diventate, agli occhi di molti, dei difetti da correggere o ancor meglio da eliminare. Lo scopo che spesso ci si prefigge sembra quello di sostituirli con dei tratti comportamentali, per quanto possibile, uniformi, sottovalutando quanto ciò sia non solo biologicamente impossibile, ma soprattutto notevolmente dannoso.

Le caratteristiche legate al sesso sono il frutto di una selezione naturale, avvenuta in migliaia di anni, allo scopo di migliorare le peculiarità della razza umana, così da renderla sempre più efficiente, capace e adattabile, ai tanti diversi ambienti nei quali, nel tempo, si è venuta a trovare e confrontare. Infatti se l'Io del neonato ha la possibilità di formarsi e svilupparsi nel modo più sano ed equilibrato, ciò si deve sicuramente attribuire alle qualità prettamente femminili presenti nelle donne educate in modo corretto. Queste donne, possedendo in abbondanza quelle caratteristiche che noi chiamiamo "materne", fatte di grande tenerezza e morbidezza, oltre che di calda presenza e d'intense capacità empatiche, hanno la possibilità di accogliere, capire e rispondere adeguatamente alle necessità di un neonato e allo sviluppo di un bambino nei primi anni di vita. Anche in seguito, la ricchezza comunicativa delle madri, quando queste si approcciano al loro bambino, è fondamentale e preziosa, per il piccolo essere umano che sta crescendo, poiché questi, nei suoi primi anni di vita, ha la necessità di sviluppare, rapidamente e bene, le fondamentali capacità specifiche del genere umano: una elaborata comunicazione e un linguaggio verbale ricco e articolato.

Ma anche per quanto riguarda gli apporti paterni, come non rilevare alcune caratteristiche maschili come la forza, la determinazione, la linearità, la lealtà e l'onore? Ben sapendo che queste qualità sono fondamentali, non solo per instaurare dei validi rapporti sociali e per il buon vivere civile ma sono anche indispensabili per saper affrontare con coraggio e determinazione le difficoltà e i problemi presenti durante la vita.

È inoltre dannoso modificare le caratteristiche di genere nei rapporti di coppia, poiché se non si accetta che possono, anzi debbono coesistere, ottiche e modi di sentire diversi e complementari tra l'uomo e la donna, tra il ruolo del padre e quello della madre, la frequenza e la gravità delle incomprensioni e degli alterchi, come si può constatare dall'esperienza degli ultimi decenni, non solo non diminuiscono affatto, ma anzi si accentuano di molto. Per tutti questi motivi le differenze di genere andrebbero responsabilmente stimolate e valorizzate e non certo limitate e represse.

La scelta del partner

La scelta del partner dovrebbe essere il risultato di un esame molto attento e scrupoloso e dovrebbe basarsi più su una buona compatibilità caratteriale e sulla presenza di quelle qualità che sono necessarie per instaurare una stabile e serena vita di coppia e familiare, piuttosto che sul piacere,

186

sull'interesse o la passione del momento. Se invece, così come spesso avviene oggi, questa scelta è offuscata dalla cieca, istintiva passionalità, se questa valutazione è frutto soltanto della proiezione dei nostri desideri consci e inconsci, presenti nella fase dell'innamoramento, oppure ancor peggio, se questa scelta nasce in seguito ad un semplice, piacevole, occasionale gioco erotico, non ci si può certo attendere un risultato non dico valido, ma neanche soltanto accettabile, al fine di intraprendere un cammino di coppia stabile, responsabile, sereno e rispettoso dei bisogni e delle esigenze del partner e dei figli.

L'esperienza popolare, acquisita nei millenni, nonché le indagini scientifiche più attuali, hanno da tempo evidenziato quali sono le qualità che devono avere dei coniugi perché sia possibile una buona intesa di coppia e la formazione di una funzionale e sana famiglia. In parole povere non si trova per caso o per fortuna un bravo marito o una buona moglie; non si trovano per caso o per fortuna un padre e una madre responsabili e capaci per i propri figli. Per ottenere ciò sono necessarie delle precise e responsabili scelte. Di queste le più importanti riguardano:

1. *Le affinità.*
Intanto, per ottenere una serena vita di coppia è necessario poter condividere con la persona che si ama, molti elementi comuni, come l'età, la cultura, lo stile di vita, le idee, le abitudini, i valori religiosi e morali.

Per Ackerman (1968, p. 200) entrambi i coniugi dovrebbero condividere desideri, valori e dovrebbe esserci una ragionevole compatibilità nelle esperienze emotive, sociali, economiche e parentali. L'avere un'età vicina a quella del partner; possedere valori etici e morali, religione, tradizioni, desideri, aspirazioni, interessi culturali, politici e artistici in comune, ma anche avere uno status sociale simile a quello del partner, facilita molto una buona e stabile intesa (Guèguen, 2009, p. 99). Al contrario si rischia di esporsi a frequenti e gravi conflitti, con conseguenti crisi e rottura del legame coniugale, quando s'intraprende un rapporto di coppia con una persona che ha esperienze, idee, valori, stili di vita e caratteristiche di personalità molto diverse dalle nostre, se non proprio divergenti.[2]

Purtroppo, a causa di vari fattori, tra cui la diffusione di facili contatti mediante gli strumenti elettronici, la globalizzazione del mercato lavorativo, il maggior benessere economico, l'aumento degli scambi turistici e professionali, l'eccessiva libertà sessuale e sentimentale, la scarsa influenza o la totale assenza delle famiglie e dell'ambiente sociale nella scelta del partner, si assiste ad un notevole aumento di relazioni che nascono con caratteristiche molto diverse o addirittura contrastanti. E ciò prelude spesso a conseguenze funeste per l'armonia e il benessere della coppia e, conseguentemente, dei figli.

2. *Capacità di instaurare dei sani rapporti con le reti familiari.*

Molti scontri tra i sessi sono in qualche modo collegati, anche se spesso ingiustamente, a inopportune o distruttive interferenze che provengono dalle reti familiari dei due giovani. Ciò ha stimolato molte coppie a escludere il più possibile le

---

[2] Tra le persone che hanno effettuato un matrimonio misto, la percentuale dei divorzi e delle separazioni è di circa l'80%. Il tasso del divorzio è il doppio di quello italiano.

famiglie d'origine, sia nel momento della scelta del partner, sia durante tutta la conduzione del rapporto. Come dire: "Se le nostre famiglie possono essere causa di conflitto, meglio farne a meno e vivere in modo autonomo, senza alcuna interferenza".

Questa soluzione, purtroppo, si è rivelata un'amara illusione. La coppia normalmente non è, e non conviene che sia, totalmente indipendente e autonoma dall'ambiente nel quale è nata e si è sviluppata. Così come non può essere, e non è conveniente che sia, totalmente indipendente dalla nuova rete familiare nella quale s'inserisce. Per tali motivi l'intesa tra i membri d'una coppia è strettamente collegata all'intesa tra e con la propria famiglia, ma anche ai buoni rapporti che riesce ad instaurare con la famiglia del partner.

In definitiva l'avere pochi conflitti con i propri genitori e l'intrattenere buoni, anzi ottimi rapporti con la rete familiare dell'altro, è fondamentale al fine di evitare futuri conflitti di coppia. Inoltre, quando questi dovessero presentarsi, la presenza di familiari disponibili, vicini, attivi, attenti e collaboranti, sarà sicuramente un ottimo viatico, al fine di superare le distruttive possibili crisi. Si tratta allora non di auto isolarsi, ma di apprendere, fin dalla più tenera età, i segreti e i modi migliori per ben relazionarsi con i propri familiari e con quelli del partner, affinché la presenza di queste persone sia di aiuto e sostegno e non diventi motivo di danno per la coppia.

3. *La presenza di adeguate caratteristiche psicologiche.*

Non dovrebbe stupire che vi siano persone adatte ad intraprendere una relazione di coppia stabile, serena e produttiva

189

e persone che hanno difficoltà a fare ciò, a causa di caratteristiche di personalità non adeguate a ben relazionarsi, incapacità ad affrontare le difficoltà e gli stress ai quali va incontro una normale famiglia, mancanza di qualità essenziali per comprendere, educare, dialogare e aver cura della prole. In particolare non sono adatte ad una relazione di coppia, così da riuscire a creare e condurre bene una famiglia funzionale ai suoi scopi, gli uomini e le donne che presentano delle problematiche psicologiche di una rilevanza tale da disturbare o peggio rendere impossibile un sereno e costruttivo dialogo. Persone quindi che soffrono di eccessiva ansia, depressione, irrequietezza, instabilità, facile irritabilità e aggressività.

Al contrario le persone più idonee sono quelle che:

- Possiedono una buona serenità e sicurezza interiore.
- Hanno valide capacità di ascolto e dialogo.
- Sono disponibili e vivono con piacere la cura verso l'altro.
- Sono determinate nell'affrontare le difficoltà e le avversità della vita.
- Sono dotate di responsabilità e affidabilità.
- Sono dotate di una buona maturità personale. Questa è indispensabile sia per affrontare i tanti problemi insiti in una relazione così complessa come quella uomo-donna, sia per intraprendere un corretto compito educativo. Dice Spock, (1969, p. 50): *"Io direi che la misura più certa della maturità di un uomo o di una donna consiste nell'armonia, nello stile, nella felicità, nella dignità che riesce a creare nel*

matrimonio e nel piacere e nell'ispirazione che possono dare al coniuge. L'individuo immaturo può arrivare al successo nella carriera mai nel matrimonio". La maturità personale è indispensabile soprattutto oggi, poiché viviamo in una società non solo molto complessa e articolata, ma anche notevolmente confusa, disgregante e poco coerente.

- Possiedono buone capacità di adattamento. Nella normale vita familiare le preoccupazioni e le problematiche sono talmente frequenti e numerose che agli uomini e donne che la intraprendono sono richieste buone, anzi ottime, capacità di adattamento. Per tali motivi è notevolmente difficile, se non impossibile, alle persone infantili, deboli o insicure, affrontare adeguatamente le difficoltà e le problematiche presenti nella vita familiare e coniugale.

4. *La corretta formazione alla vita familiare e di coppia*

Difficile inoltre immaginare che un uomo e una donna possano affrontare una vita insieme senza un'adeguata preparazione e un fruttuoso tirocinio. Tutto ciò in passato era attuato dai genitori, dagli altri componenti la famiglia, ma anche dagli adulti più ricchi di saggezza ed esperienza, che utilizzavano per fare ciò le loro parole e il loro esempio. Purtroppo, spesso oggi questa preparazione e questo tirocinio mancano quasi totalmente. Sono assenti nei genitori, spesso impegnati nel lavoro e nella competizione reciproca, ma sono assenti negli altri adulti e nell'ambiente sociale che ci circonda, che spesso offrono numerosi esempi di comportamenti diseducativi, nei quali prevalgano l'egoismo, l'individualismo e la scarsa responsabilità.

L'educazione attuale, organizzata e impegnata quasi esclusivamente sul piano professionale, si è rilevata assolutamente inadatta a far crescere e maturare degli uomini e delle donne capaci di affrontare il vasto e fondamentale campo affettivo - relazionale, nonché i normali compiti educativi e di cura, che sono indispensabili nel momento in cui si vuole creare una sana e funzionale famiglia.

La violenza come imitazione e apprendimento

Il fatto che l'aggressività, come molti comportamenti negativi, possa essere appresa dall'ambiente di vita, è noto da sempre: "Chi pratica con lo zoppo all'anno zoppica". Quest'antico proverbio vuole chiaramente indicare la notevole influenza negativa che ispirano le persone che frequentiamo e con cui viviamo, sui nostri comportamenti relazionali e sociali. Soprattutto i bambini e gli adolescenti, ma anche gli adulti, tendono istintivamente ad imitare gli atteggiamenti ed i comportamenti che scorgono nel loro ambiente di vita. Pertanto, così come sono spinti a riprodurre i comportamenti positivi di accoglienza, rispetto, dialogo, dono e cura, allo stesso modo possono imitare, in ogni rapporto relazionale, anche i comportamenti di rifiuto, aggressività e violenza, dei quali sono spettatori.

Per i minori questa imitazione è più frequente ed incisiva quando i comportamenti negativi provengono da persone che hanno per loro una maggiore valenza affettiva ed educativa: "Vedo i miei genitori che litigano continuamente, pertanto è normale che i coniugi litighino tra loro". "Mio padre si è

192

comportato in maniera violenta e aggressiva con me o con mia madre; è normale e logico che anch'io faccia lo stesso, con i miei figli e con mia moglie". "Mia madre gridava continuamente e anch'io ho l'abitudine di gridare per un nonnulla". Alcuni di questi bambini, divenuti adulti, tenderanno a ripetere gli stessi comportamenti vissuti nell'infanzia, altri, per fortuna, facendo propri dei comportamenti positivi acquisiti da altri adulti conosciuti in altri ambienti, saranno in grado di criticare e rifiutare quei comportamenti ritenuti violenti, ingiusti e apportatori di sofferenza.

Inoltre, come dice Hacker (1971, p. 315): "Il comportamento aggressivo, come molte altre forme comportamentistiche, ha la tendenza a estendersi e generalizzarsi; una volta appreso e collaudato esso viene esteso ad altre situazioni e qui applicato". Ancor peggio se gli atteggiamenti aggressivi sono premiati. In questi casi anche dei comportamenti chiaramente abnormi assumono valenze positive (Ajuriaguerra, 1995, p. 71).

Tuttavia, a questo riguardo, è bene rilevare che nel campo educativo quando l'aggressività nasce dalla sofferenza, dalle frustrazioni e dai traumi subìti, l'atteggiamento repressivo non ottiene i risultati voluti e sperati, poiché non si può insegnare a non essere aggressivi, utilizzando l'aggressività! (Hacker, 1971, p. 171)

L'aggressività appresa dalla logica del gruppo.

Questo tipo di comportamento è frequente nei giovani e negli adolescenti i quali, inseriti in un "branco", sono condizionati dalle regole presenti nel gruppo. Per cui hanno notevoli difficoltà a controllare i comportamenti e gli atteggiamenti aggressivi e violenti suggeriti dagli altri componenti, poiché questi comportamenti diventano una condizione necessaria per essere accettati dagli altri. Per tale motivo il giovane che aderisce a queste indicazioni si sente come deresponsabilizzato nelle decisioni personali e avverte il dovere di accettare le decisioni prese dal capo del branco o dalla maggioranza dei coetanei. D'altra parte, opporsi ai comportamenti, significherebbe opporsi a tutto il gruppo, non far più parte di questo e, di conseguenza, sentirsi isolati ed emarginati.

In questi casi il singolo individuo non agisce aggressivamente per frustrazione o per scaricare l'ansia eccessiva, ma per aderire a una logica di gruppo, che vede la violenza come necessaria e coerente con i propri bisogni d'integrazione e socialità. Come dicono Erikson e Erik, 2008, p.29),: "Un individuo si sente isolato dalle sorgenti della forza collettiva allorché egli, magari solo nel suo intimo, assume un qualsiasi ruolo che il suo gruppo ritiene particolarmente negativo".

L'aggressività e la violenza appresa dai mass media e dai mezzi di comunicazione di massa.

Non sono da sottovalutare l'emulazione delle scene di violenza presenti nei mezzi di comunicazione di massa, nei film, nei video giochi e negli spettacoli come quelli di Wrestling. Per Hacker (1971, p. 317): "Dappertutto i mezzi di comunicazione di massa influenzano la coscienza generale e con essa indirettamente ma in modo determinante anche l'inconscio, le opinioni, gli atteggiamenti e le azioni del pubblico".

E ancora lo stesso autore (Hacker, 1971, p. 315):

"L'adolescente americano medio è così ipersaturato dai tanti stimoli aggressivi trasmessi dai mezzi di comunicazione, che nessun modello specifico di aggressione gli sembra nuovo o degno di essere imitato; tuttavia questo ottundimento del singolo è ottenuto al prezzo del globale innalzamento del livello di aggressività".

Per quanto riguarda i Wrestling, non può essere certamente indifferente, soprattutto per i minori, assistere a dei giganti super palestrati che lottano e si aggrediscono in maniera violenta e selvaggia, cercando in ogni modo di far del male all'avversario, fino a schiacciarlo a terra con il loro mastodontico corpo. Il fatto poi di sapere che in realtà, quella alla quale si assiste, è una finta lotta e che, almeno si spera, questi atleti, non si facciano veramente del male, non sempre viene percepito in maniera corretta, soprattutto dai più piccoli che assistono a questi spettacoli. In questi, la traccia emotiva che permane e predomina nel loro animo può purtroppo comportare il desiderio e il piacere di poterli in qualche modo imitare.

Per quanto riguarda i film e i telefilm, mentre fino a qualche decennio fa l'eroe aveva una funzione di difesa della nazione, dei più deboli e degli indifesi e pertanto, almeno nelle intenzioni degli autori, aveva un ruolo positivo, ormai da molti decenni lo stesso eroe partecipa in modo confuso e caotico al piacere di distruggere e aggredire tutto ciò che capita a tiro, utilizzando qualunque strumento di distruzione: bazooka, bombe, fuoco, auto e camion, spesso senza che si riesca a rintracciare, nelle sue azioni, un minimo di finalità costruttiva ed educativa. "La tendenza mimetica viene esaltata quando gli atti aggressivi mostrati sono rappresentati come eroici, promettenti e apportatori di successo, oppure quando gli spettatori sono espressamente invitati all'imitazione e vi vengono autorizzati" (Hacker, 1971, p. 315).

Per tale motivo gli attuali eroi, ai quali bisognerebbe identificarsi e imitare, sono certamente senza paura, veloci, forti e sicuri di sé, ma sono anche dei balordi confusi e violenti, senza pietà, ma anche senza alcuna disponibilità all'ascolto e alla comprensione dell'altro.

Ancora più grave è lo stimolo all'emulazione che l'individuo, soprattutto in età evolutiva, può ricevere da parte dei contenuti dei videogiochi più comunemente utilizzati e diffusi. Molti di questi si basano essenzialmente su una continua, ripetitiva, perenne lotta, utilizzando varie armi e strategie, contro alieni e nemici immaginari, mostri da distruggere, prima di essere distrutti, da uccidere, prima di essere uccisi; ma anche lotta nei confronti di malcapitati, innocui passanti. D'altra parte molto spesso, in questi giochi, uccidere quanto più possibile dei fantomatici nemici fa "vincere" una partita o fa andare ad un livello successivo e pertanto "premia". Questi personaggi suggeriscono e nel tempo convincono il piccolo utilizzatore, che l'aggredire e il distruggere sono atteggiamenti e comportamenti non solo "normali" ma anche utili, piacevoli e divertenti.

Si dirà che la violenza presente nei film, nella Tv o nei video giochi è "finta, non è vera, è solo spettacolo" tuttavia *"L'effetto imitativo è uguale, sia che le scene di violenza siano prodotte negli studi, sia che vengano riprese dalla vita reale (anche se questa differenza fosse riconoscibile). Bandura e in seguito Berkowitz hanno dimostrato con estesi esperimenti su gruppi di bambini di diverse età che l'effetto di accrescimento*

dell'aggressività esercitato da esempi d'aggressione è sostan-
zialmente lo stesso, a prescindere dal fatto che l'aggressione
rappresentata e successivamente imitata si sia svolta origina-
riamente nella vita reale, in un film o in un cartone animato"
(Hacker, 1971, p. 315).

Poiché in queste immagini e in questi giochi non c'è
pietà, tenerezza, comprensione, giustizia, ma soprattutto non ci
sono sfumature, l'uso di questi strumenti può condurre ad atteggiamenti reattivi e aggressivi nei confronti degli altri, giacché riduce le inibizioni e non educa alla necessità di ricercare
e trovare soluzioni alternative ai problemi e ai conflitti tra esseri umani, utilizzando il dialogo, la mediazione e l'accordo
tra le parti.

L'altra conseguenza insita in questi spettacoli, che è
forse ancora peggiore di quella precedente, è che nell'animo e
nella mente dei bambini s'insinua e si sviluppa l'idea che nel
mondo nel quale viviamo allignano una serie infinita di nemici
che subdolamente possono circondarci, assalirci e farci del
male, per cui è necessario vivere costantemente sulla difensiva, sempre pronti a prendere le armi più efficaci per proteggerci o attaccare.

Quest'inquinamento mediatico è tanto più grave quanto maggiore è il numero dei messaggi, quanto minore è l'età,
quanto più il soggetto è psicologicamente fragile, suggestio-
nabile e insicuro, ma anche quanto maggiore è l'interattività.

Tuttavia, da parte della società e dei legislatori è difficile accettare e soprattutto porre rimedio al fatto incontestabile
che le parole e le immagini violente ascoltate e viste, ma anche virtualmente eseguite migliaia di volte dai minori, dagli

adolescenti e dagli adulti, possano lasciare delle tracce indelebili nell'animo di chi le utilizza. Si preferisce allora per motivi economici e ideologici far credere che ciò non sia vero e non sia possibile, al fine di coprire una realtà difficile da accogliere; giacché accettare ciò significherebbe modificare in maniera sostanziale la presunta neutralità di questi strumenti e pertanto intervenire non solo sul loro uso ma anche e soprattutto sulla loro produzione.

Tra l'altro oggi buona parte dell'educazione e della formazione dei minori, a causa di genitori sempre più impegnati, lontani, assenti e distratti, è diventata di tipo mediatico. E se i media ma anche internet sono ricchi di contenuti violenti, i risultati non possono che essere deleteri sul piano del rispetto dell'integrità, dignità e sacralità dell'animo, del corpo e della vita dell'altro. Ciò è evidente in molti rapporti sociali. Le assemblee scolastiche o di condominio, le discussioni parlamentari, Facebook, gli incontri di calcio e i dibattiti televisivi, ovunque vi sia la minima possibilità di confrontarsi con idee diverse, sono spesso utilizzati per scaricare sugli altri, mediante la violenza verbale, la propria rabbia e le proprie frustrazioni. Per Dacquino (1994, p. 304): "Viviamo in un clima di violenza e sadismo verbale, alimentato dall'abitudine di polemizzare accanitamente anche per le cose più futili. Siamo sempre sul piede di guerra oppure discutiamo con voce dura, stridula, alta, pur sapendo che urlare è la reazione di chi ha torto o è insicuro".

L'aggressività può essere appresa in famiglia da stili educativi erronei.

Vi sono degli stili educativi nei quali sono trasmessi i valori dell'accoglienza, della fratellanza, dell'amore, dell'accettazione e del dono, ma vi sono purtroppo anche degli stili educativi nei quali sono trasmessi disvalori: come la violenza, la prepotenza, la protervia e lo sfruttamento dell'altro ai propri fini. In questi casi è costantemente sottolineato l'errato principio che bisogna rispondere "occhio per occhio e dente per dente" a quanto subìto e che "non bisogna essere pecore ma lupi" pronti ad azzannare chi ci ha fatto o potrebbe farci del male o potrebbe sottrarci qualcosa di nostro. Questi stili educativi sollecitano ad accettare e utilizzare l'uso della forza e della violenza in molte, troppe occasioni senza che ciò sia strettamente necessario e utile.

Stravolgimento dei ruoli tradizionali

Secondo la definizione del sociologo Smelser (1995, p.18): "Un ruolo consiste nelle aspettative che si creano riguardo al comportamento di una persona quando questa si trova in una certa posizione all'interno di un gruppo".

Il ruolo può nascere dalla necessità, dai bisogni o dalle scelte effettuate dai singoli individui; da alcune componenti la società che richiedono determinati servizi; dai gruppi organizzati e può anche essere affidato e richiesto dalle persone con le quali abbiamo interessi e finalità comuni. Tuttavia un ruolo può anche rendersi concreto in modo automatico: ad esempio, nel momento in cui una donna o un uomo hanno un figlio, questi diventano *ipso facto*, anche se solo nominalmente, madre e padre e, rispettivamente, i loro fratelli acquistano il ruolo di zii, mentre i genitori di questa donna e di quest'uomo diventano nonni. Il ruolo può, inoltre, essere scelto dalle stesse persone che poi lo assumeranno. E ciò allo scopo di trovare, in un determinato impegno, una nuova realizzazione o maggiori piaceri e gratificazioni: "Io voglio essere tua moglie", "Io voglio essere tuo marito", "Io voglio essere madre", "Io voglio essere padre per questo bambino adottato", "Io voglio essere insegnante, scienziato" e così via.

Per essere ben svolto ogni ruolo deve essere accettato e sostenuto dagli altri e richiede specifiche qualità, preparazione e impegno. Quando abbiamo chiarezza della funzione del nostro ruolo, nell'ambito della società, della famiglia e nel rapporto con le persone che amiamo; quando questo ruolo è aderente alle nostre aspettative e alla natura più intima del nostro vissuto; quando è dagli altri accettato, rispettato, compreso e sostenuto, allora abbiamo la possibilità di svolgerlo pienamente e bene con entusiasmo e gioia, ricavando da esso intensa soddisfazione e piena gratificazione. Se un ruolo è ben vissuto ed esercitato, è facile che migliorino la personale autostima, il senso di sicurezza, la serenità e l'equilibrio interiore. Da un ruolo ben vissuto e ben svolto certamente gli altri ne trarranno vantaggio.

Quando invece assumiamo dei ruoli non ben definiti, confusi, variabili, quando questi ruoli sono frequentemente sottoposti a critiche, disapprovazioni e contestazioni da parte di chi ci circonda, o quando sono poco aderenti alla nostra natura più intima e profonda, è molto facile che sorgano in noi insoddisfazione, ansia, inquietudine e insicurezza, alle quali possono seguire ansia, irritabilità e, conseguentemente, anche pensieri e comportamenti aggressivi.

La molteplicità dei ruoli

Ognuno di noi può avere, e spesso ha, più ruoli: si può essere contemporaneamente padre, zio, nonno, fratello, marito, responsabile aziendale, scrittore, sindacalista, volontario ecc. Per gli adulti avere più di un ruolo è la norma e non l'eccezione. Ed è forse per tale motivo che cercare di assumere molti e diversi ruoli e poterli cambiare a volontà, ci appare non solo naturale ma anche molto facile e desiderabile: "Perché essere soltanto madre o padre e non anche insegnante, politico, scrittore e quant'altro?"

Sicuramente questa disponibilità a cambiare ruolo o ad assumerne molti altri ci appare interessante, stuzzicante, moderna e in linea con i tempi: "Che noia fare sempre le stesse cose", "Che bello cambiare e rimettersi in gioco". Tuttavia non sempre è facile e conveniente cambiare il proprio ruolo o assumerne uno nuovo o peggio, aspirare a un'eccessiva pluralità di ruoli, a volte tra loro contrastanti. E ciò per vari motivi:

1. L'avere un eccessivo numero di ruoli spesso non aggiunge nulla alla persona che lo esercita, e alla comunità per la quale questo viene esercitato. Può succedere infatti che gli apporti offerti, alla resa dei conti, siano modesti o insufficienti, sia per qualità sia per quantità. Il motivo è semplice, per ogni ruolo assunto che si aggiunge ai precedenti, aumentano gli oneri, gli impegni, le responsabilità e i sacrifici necessari per assolverli tutti e bene e ciò comporta un notevole dispendio di tempo ed energie fisiche e psichiche che non sempre sono a nostra disposizione. Tutto ciò si traduce per la persona in maggiore stress, ansia e disagio. Il buon senso vorrebbe allora che assumessimo i ruoli per i

quali siamo ben preparati e che siamo in grado di sostenere, assolvere bene e correttamente e non tutti quelli che l'entusiasmo e le mode del momento ci suggeriscono o che ci sono offerti.

2. Spesso anche un ruolo apparentemente semplice ha bisogno di una lunga e attenta preparazione. Ciò è soprattutto vero oggi, giacché per ogni compito che le moderne società, notevolmente complesse e articolate richiedono, sono necessari lunghi studi, master e tirocini i quali, a volte, si possono protrarre anche per decine d'anni. Per tale motivo il dispendio di tempo e di energie necessarie per assumere un ruolo, difficilmente potrà essere replicato e attivato per molti altri. In questi casi il rischio è di affrontare alcuni compiti essenziali per la famiglia e la società, senza la necessaria preparazione, rischiando di far male ogni cosa, con conseguenze anche sul piano dell'autostima personale.

3. Quando decidiamo di affrontare mansioni troppo diverse e contrastanti e non riusciamo a compierle bene, siamo coinvolti dall'ansia e dai dubbi: "Faccio bene o faccio male?" "E' corretto quello che faccio oppure no?" Se cerchiamo di uscire da questa inquietudine interiore, trascurando alcuni ruoli, a favore di altri, è evidente che deluderemo innanzitutto noi, ma anche le persone o le istituzioni che si aspettavano molto di più, rispetto a quanto, in realtà, siamo stati in grado di offrire.

4. Nell'affrontare i vari ruoli ci sfugge la considerazione che sono qualcosa di più di momentanei compiti. Ogni ruolo tende a incidere e penetrare in profondità nel nostro essere, segnando e modificando, anche

profondamente, la nostra realtà interiore oltre che la nostra vita. L'immagine del sé è formata da molti elementi che appartengono per lo più alla sfera dell'inconscio. L'Io del soggetto è composto dal proprio corpo, dalla propria mente, ma anche dalle esperienze e dalle emozioni vissute durante la propria vita. Pertanto i compiti e i ruoli, che di volta in volta ci sono affidati o scegliamo di eseguire, influenzano il nostro essere. Ci accorgiamo di questa realtà quando notiamo che ad un cambiamento di ruolo si associa anche un nostro diverso atteggiamento interiore ed una modifica nei nostri comportamenti. Pertanto se a volte un certo tipo di personalità ha bisogno di esprimersi in una certa mansione, altre volte al contrario è la mansione assunta che plasma e modifica la personalità del soggetto. Se ad esempio, una persona "precisina" ama applicarsi in lavori, come quello dell'orologiaio, nel quale queste sue caratteristiche possono essere valorizzate, può avvenire anche il contrario, e cioè che il lavoro effettuato modifichi alcuni aspetti della sua personalità. Un altro esempio, fra i tanti che potremmo fare, è quello di un militare di carriera il quale, volente o nolente, a causa della lunga preparazione e dell'intensa disciplina alla quale è costretto a sottostare pur di eseguire correttamente il suo compito, assume ben presto le classiche caratteristiche presenti in un buon militare: grinta, rigidità, aggressività, impeto, dinamismo, resistenza, obbedienza e tanto amore per la disciplina. Tuttavia, queste caratteristiche non sempre sono confacenti con altri ruoli nei quali lo stile militaresco non solo non è necessario, ma è addirittura controproducente. In generale possiamo dire che lo stile che si acquisisce nel mondo economico e dei servizi può risultare scarsamente adeguato e poco confacente, quando è necessario affrontare dei rapporti affettivi, educativi e relazionali. Ciò perché, nelle attività manageriali e professionali hanno notevole valore la grinta e il dinamismo; l'intraprendenza e la determinazione; la precisione nei comportamenti e la razionalità; la capacità di cambiare ed aggiornarsi. Al contrario nel mondo degli affetti e delle relazioni sono importanti la serenità e la distensione; la dolcezza e la tenerezza; la disponibilità e l'accoglienza; le capacità di ascolto e di cura; l'istintualità e il sacrificio ma, soprattutto, sono fondamentali la stabilità e la continuità nei comportamenti. I cambiamenti che riguardano i ruoli sessuali, sono sicuramente quelli che provocano, più degli altri, conseguenze notevoli e spesso impreviste. Quando si cerca di vivere, sentire, amare, lavorare come l'altro sesso, non cambia soltanto un ruolo, ma tende a modificarsi anche l'identità di genere, con conseguenze notevoli sul proprio vissuto più intimo e profondo. Molto spesso però, in questi casi, sia nelle donne sia negli uomini, più che un vero ribaltamento o cambiamento di genere, si ottiene un effetto caricaturale. Non potendo, infatti, vivere fino in fondo l'altro genere sessuale, si è costretti ad imitare i suoi eccessi o gli elementi più superficiali ed eclatanti di una personalità non propria. Si ottiene in definita una strana, modesta imitazione dei lati peggiori e più superficiali dell'altro sesso, il che porta a uno stato d'insoddisfazione e di tensione notevole, che finisce per irritare, amareggiare e irrigidire la persona coinvolta.

I ruoli tradizionali

Per quanto riguarda gli uomini, nei ruoli tradizionali, frettolosamente accantonati, la gratificazione e la soddisfazione personale nascevano da vari elementi.

1. Dall'orgoglio di provvedere alle necessità materiali dei propri familiari.
2. Dal sentirsi responsabili della protezione, della coesione e del buon funzionamento della famiglia ad essi affidata.
3. Dall'essere garanti dell'equilibrio, della stabilità e del benessere di ogni membro, non solo della loro famiglia, ma anche della comunità, nella quale questa famiglia si trovava inserita.
4. Dalla possibilità che gli uomini avevano d'infondere, a ogni persona del gruppo familiare, quegli indirizzi, quelle norme e regole comuni, indispensabili nella costruzione delle relazioni interpersonali, nonché fondamentali allo sviluppo di famiglie sane, funzionali e adeguate al vivere civile.

Nello svolgimento del loro difficile, responsabile e faticoso ruolo, la determinazione, la forza, la coerenza e sicurezza degli uomini nascevano dall'essere sostenuti, aiutati e stimolati dalle loro compagne di vita, dalla comunità nella quale vivevano, nonché dalle leggi dello stato.

Per quanto riguarda le donne, le loro gratificazioni e soddisfazioni personali nascevano dal riconoscere, nel loro ruolo, molti compiti fondamentali.

1. Intanto avevano coscienza di costruire, con il loro amore, con la loro tenerezza, con le loro cure, oltre che il corpo di ogni piccolo essere umano che si affacciava alla vita e al mondo, anche e soprattutto i componenti fondamentali dell'Io di ognuno di essi. Come dice Slepoj (2005, p. 151): *"In realtà, nei bambini di entrambi i sessi, è proprio l'identificazione primaria con la madre, come colei che cura e sostiene, che elabora le angosce e rassicura, a favorire lo sviluppo di un nucleo saldo della personalità che, a seconda degli autori, viene definito "sé profondo" o "fiducia di base". Soltanto questa identificazione, infatti, permette al bambino di costruire dentro di sé quelle capacità materne di elaborazione dell'angoscia e di cura di sé stesso che gli daranno la sicurezza per diventare autenticamente autonomo".*

2. Le madri erano altresì consapevoli di essere indispensabili protagoniste nello sviluppo delle più importanti caratteristiche umane dei loro piccoli.

- Erano loro, le donne, a iniziare i figli al linguaggio verbale e non verbale, nonché alle capacità di comprensione e ascolto.

- Erano soprattutto loro, le donne, che badavano a sviluppare le capacità affettivo – relazionali del futuro dell'umanità.

- Erano soprattutto loro, le donne, che con le loro attenzioni riuscivano a far gustare ai loro piccoli il piacere e la gioia della condivisione, ma anche l'importanza di offrire agli altri, specie ai più bisognosi, agli anziani e ai disabili, gli splendidi doni che nascono nell'animo quando si offre generosamente la propria disponibilità, cura, vicinanza e calore affettivo.

- Erano consce, le donne, di essere le protagoniste nel difficile compito di arricchire l'animo delle nuove generazioni d'innumerevoli qualità fondamentali: quali le capacità comunicative e di ascolto, la sensibilità e la tenerezza, la relazione e l'accoglienza, l'amore e il perdono.

3. Erano fiere, le donne, di essere indispensabili nel costruire con le loro parole e i loro gesti d'amore, il benessere fisico e psicologico dei loro compagni di vita. Sapevano che con i loro comportamenti sarebbero riuscite ad accogliere, gratificare, sostenere, confortare, i loro uomini, così da renderli ancora più forti e sicuri di sé, ancora più disponibili all'impegno in loro favore, ma anche verso i figli, la famiglia e le istituzioni sociali.

4. Infine le donne erano ben consapevoli di essere protagoniste nel tessere e mantenere vivi, efficienti e produttivi i legami con la propria rete familiare e con quella del loro uomo. Reti e legami indispensabili a garantire una buona armonia e benessere, sia per la coppia, sia per le famiglie che iniziavano il loro difficile cammino sulla scena del mondo.

I ruoli attuali

Quando per i due sessi questi ruoli, ben definiti, stabili e aderenti alle richieste della società e alle loro specifiche caratteristiche, sono stati messi, prima in discussione e poi criticati, biasimati, per essere infine cancellati quasi del tutto, per sostituirli con altri, scarsamente chiari, se non nettamente confusi, poco aderenti alle caratteristiche dei due generi, assolutamente insoddisfacenti nel creare benessere per loro e per i loro figli, poiché indirizzati e finalizzati quasi esclusivamente a soddisfare i bisogni della finanza, della produzione, dell'acquisizione e della distribuzione di beni e servizi, qualcosa di fondamentale non ha più funzionato nel rapporto uomo – donna; qualcosa di molto importante è entrato in una crisi irreversibile; qualcosa si è spezzato e, di conseguenza, qualcosa di deleterio ha snaturato buona parte del sistema sociale, relazionale e familiare.

Questa crisi è diventata negli anni sempre più grave e distruttiva, innescando una spirale perversa, fatta di scarso dialogo, incomprensione, conflittualità e aggressività, che si è diffusa e allargata dentro e fuori dalle coppie e dalle famiglie, dentro e fuori dall'agone politico, nei singoli come nelle comunità.

I motivi di questa crisi e di questa perversa spirale sono diversi.

1. *La distribuzione del potere e dei ruoli tra uomini e donne.*

Le critiche e il biasimo distruttivo nei confronti dei tradizionali ruoli, hanno dimenticato che: *"La distribuzione del potere tra uomo e donna, non è stata operata una volta per tutte all'origine dell'umanità da un deus ex machina o da un creatore soprannaturale, ma è il frutto di un'opzione culturale di lungo periodo, diremmo oggi di un contratto sociale, di una negoziazione in base alla quale ciascuno occupa un determinato posto all'interno della comunità" (Slepoj, 2005, p. 134).*

Inoltre la storia ci ha sempre confermato che questa millenaria distribuzione dei ruoli non è nata in seguito a una guerra tra uomini e donne, per cui, dopo la vittoria dei primi, l'altro sesso era stato sopraffatto, ma ha avuto origine dalle necessità di affrontare, nel miglior modo possibile, i complessi e ineludibili bisogni educativi presenti nello sviluppo di ogni essere umano. Questi bisogni educativi, oggi spesso sottovalutati, richiedono notevoli impegni formativi che devono necessariamente essere esplicati nei tempi e nei modi opportuni, da altri esseri umani che, con i minori, hanno avuto la possibilità di instaurare degli stabili, profondi, caldi e teneri legami affettivi e relazionali.

Da tutto ciò è nato, ed è ancora attivo in moltissimi paesi del mondo, quel patto sociale nella distribuzione dei ruoli, la cui validità è stata ampiamente dimostrata durante le millenarie esperienze del passato.

2. *La competizione tra ruoli simili o uguali*

Nei rapporti di coppia, che non mancano certo di complessità e difficoltà, se ogni sesso s'impegna, si attiva ed è protagonista, in un campo diverso e specifico, agli occhi e al cuore dell'altro questo suo impegno assume un grande valore ed è giudicato e vissuto come un elemento importante, caro e prezioso del quale essere enormemente grati. Conseguentemente, proprio per una visione positiva dell'altro, considerato importante, anzi fondamentale e indispensabile, per l'apporto specifico che ogni giorno è capace di offrire al coniuge, ai figli e alla famiglia, verso di questi si mobiliterà l'interesse e la cura, al fine di migliorare il suo benessere. Inoltre, l'impegno in campi diversi e complementari, permetterà la nascita di un'alleanza e una fiducia reciproca, che sono fondamentali per allontanare o diminuire i possibili conflitti.

Se invece entrambi i sessi si attivano sullo stesso piano e sono impegnati negli stessi ambiti, con molta più facilità si corre il rischio di avvertire l'altro, in molti momenti della vita a due, come uno sleale concorrente o, in altri casi, come un pigro e inaffidabile compagno, che non s'impegna sufficientemente e non offre alle necessità del partner e della famiglia quanto dovrebbe e potrebbe. Se ad esempio, entrambi si attivano e s'impegnano nel campo professionale, è facile che l'uno guardi l'altro con sospetto e invidia, nel momento in cui i guadagni, la visibilità e la fama dell'uno saranno superiori a quelli dell'altro.

Ciò è ancora più evidente e grave quando l'ambito nel quale uno dei due partner s'impegna, non è tradizionalmente appannaggio del proprio genere sessuale. Se ad esempio, la donna guadagna più dell'uomo o ha più successo di lui nel campo economico e professionale, cosicché ottiene dall'ambiente sociale una più alta valutazione e rispetto, vi è il concreto rischio che il partner avverta tutto questo come una minaccia alla propria reputazione e alla propria immagine di uomo e ciò potrà fare insorgere in lui gelosia, irritabilità e aggressività nei confronti della compagna.

Ackerman (1968, p. 150) descrive molto bene le conseguenze presenti nella *coppia competitiva*. In questi casi: *"Ognuno dei due genitori compete con l'altro e teme di essere superato. Nessuno dei due è sicuro, anche se ha la pretesa di una maggiore competenza. Paradossalmente ognuno passa la parola all'altro quando si tratta di prendere decisioni respon-*

sabili. La lotta per la competizione riduce la simpatia affetti-va, distorce la comunicazione, indebolisce la reciprocità del sostegno, e della corresponsabilità e diminuisce il soddisfaci-mento dei bisogni personali".

Lo stesso può avvenire se è l'uomo ad avere più successo in un campo tradizionalmente legato al genere femminile, come quello affettivo –relazionale e di cura. Se ad esempio, il marito o compagno riesce ad avere nel rapporto con i figli un maggiore e miglior dialogo e confidenza, una maggiore e migliore intesa e comunione, un ascolto più intimo e profondo, è facile che la donna, sentendosi meno considerata, cercata e amata dai figli, si senta relegata a un ruolo subalterno. Ciò la potrà spingere a lottare per strappare all'uomo la sua suprema-zia, anche usando l'arma della delegittimazione.

In definitiva quando i ruoli non sono ben chiari e defi-niti si corre il rischio che ognuno dei due, piuttosto che impe-gnarsi a valorizzare l'impegno dell'altro, tenda a considerare, come una personale perdita, gli apporti di questi, cosicché, per reazione, cercherà in tutti i modi di sminuire l'altro, gioendo più degli insuccessi che dei successi di lui. Da questa situazio-ne di disagio potrà con facilità mettersi in atto una competi-zione, tanto più insidiosa quanto più sotterranea, irrazionale e istintiva, che può facilmente sfociare in un rapporto conflittua-le, che si manifesterà mediante evidenti comportamenti irritan-ti, aggressivi e collerici, attuati nelle occasioni più strane e inusuali.

A causa della scarsa soddisfazione, può succedere an-che che uomini pieni di livore e umiliazione, di fronte a donne meglio inserite nel campo lavorativo, che guadagnano più di loro, lascino il loro piccolo, insoddisfacente lavoro e si dedichino soltanto ai loro hobby, così come può succedere che donne, piene di rancore nei confronti dei loro compagni, rinuncino quasi totalmente al loro ruolo affettivo relazionale e di cura, nel momento in cui avvertono che questo ruolo è stato sottratto dai loro uomini, i quali sono riusciti ad instaurare con i loro figli dei migliori e più profondi legami affettivi.

Spesso alla fine di questa guerra concorrenziale, raramente dichiarata, ma anzi il più delle volte tenuta ben celata, entrambi si ritrovano ad aver perduto il piacere dell'impegno e ciò li potrà spingere a chiudersi in un bozzolo di apatia e fuga. Come dire a se stessi e al mondo: "Se il mio ruolo, le mie capacità e il mio impegno, non sono valorizzati io, volontariamente e con rabbia le autolimito, pur di vendicarmi della castrazione che su di me è stata effettuata". Oppure, al contrario, la frustrazione potrà spingere uomini e donne ad atteggiamenti e comportamenti di auto ed etero aggressività e distruttività.

3. L'affidamento dei ruoli
Vi è infine un altro problema del quale si parla poco. Se un certo ruolo è affidato solo a una persona questa, sentendosi pienamente responsabile del risultato, s'impegnerà a svolgerlo bene e correttamente, dando il massimo di sé, se non altro per soddisfare il suo orgoglio e la sua autostima, ma se lo stesso ruolo è affidato a due o più persone l'impegno sarà sicuramente molto più modesto, perché più scarsa sarà la gratificazione. Inoltre, in caso di fallimento, è facile che la responsabilità sia data all'altro: "che non ha collaborato", "che non si è impegnato abbastanza","che ha sbagliato", "che si è comportato in maniera pigra o da incapace", e così via.

Ancora una volta un importante esempio l'abbiamo nelle nostre famiglie. L'aver affidato lo stesso ruolo agli uomini e alle donne ha comportato un disinvestimento negli impegni e nelle responsabilità familiari, specie nelle responsabilità educative e di cura. Poiché se qualcosa non funziona, e purtroppo sono tante le cose che non funzionano in questi ambiti, è sicuramente colpa dell'altro. Se invece qualcosa va bene, è sicuramente merito nostro.

In definitiva, l'aver affidato ad entrambi i coniugi gli stessi compiti e le medesime funzioni e ruoli si è rivelato - e non era difficile prevederlo- il modo migliore per mettere uomini e donne gli uni contro gli altri e rendere stabilmente e perennemente conflittuale il rapporto tra i sessi.

4. Gli effetti deleteri della supremazia

Quando s'incitano le donne a lottare contro gli uomini, accusandoli delle peggiori nefandezze, si sottovaluta che uomini e donne sono, e non potrebbe essere diversamente, intimamente legati tra loro nei bisogni, nelle aspirazioni, negli obiettivi. Pertanto, come dice la Slepoj (2005, p. 140) è indispensabile avere la consapevolezza che il maschile è una categoria di relazione, pertanto se muore o va in crisi il maschile, muore e va in crisi anche il femminile.

Inoltre il lottare per sopraffare, allontanare, colpevolizzare, biasimare o peggio escludere uno dei due sessi dal proprio animo o dalla propria vita è come lottare per sopraffare, allontanare, colpevolizzare, biasimare ed escludere se stessi. In definitiva: "La tensione per la conquista di una totale supremazia ha come ultimo effetto un senso di solitudine e di carenza emotiva" (Ackerman, 1970, p. 152).

5. *La responsabilità condivisa*

Spesso s'insiste su una crisi del maschile che si manifesta con tristezza e disappunto, dovuta al fatto che l'immagine dell'uomo che provvede alla famiglia è stata sminuita e svilita. Crisi che spiegherebbe l'aggressività e violenza nei confronti delle donne, ree di aver sottratto ai maschi una condizione di privilegio. Tuttavia questa lettura trascura il fatto incontestabile che tutti i ruoli di responsabilità e autorità comportano non solo "onori" ma anche molti "oneri", e che spesso questi ultimi superano di molto le gratificazioni dovute agli onori.

Questa realtà spiega molto bene ciò che è avvenuto. Quando la legge sulla famiglia ha sottratto l'autorità di capo famiglia al marito affidandolo ad entrambi e poi in ultima istanza alla magistratura, molti uomini non solo non si sono strappati i capelli e non sono scesi in piazza per protestare e lottare con le unghie e con i denti contro questa legge ma, come si direbbe oggi, "non hanno fatto una piega" e hanno subito accettato e approfittato di questa nuova situazione per "tirare i remi in barca". Hanno cioè accolto di buon grado questa perdita del ruolo di capo famiglia ma, in compenso, hanno ceduto ben volentieri la responsabilità, la fatica, l'impegno e tutti i sacrifici che questo ruolo comportava. E poiché la *responsabilità condivisa* si è trasformata rapidamente in una *comune irresponsabilità,* ogni componente della coppia, non essendo investito formalmente di questo specifico e preciso ruolo, ha pensato bene di scrollarsi di dosso ogni obbligo e impegno, scaricando sull'altro o su altri le carenze che a mano a mano si venivano a creare in seno alla famiglia.

Le carenze più evidenti le ritroviamo soprattutto sul piano educativo, formativo, affettivo e di guida efficace nei confronti dei più piccoli, ma anche degli adolescenti e giovani. Queste carenze, da quel momento in poi, hanno cominciato ad essere attribuite all'altro: "che non si impegna"; "che non collabora"; "che se n'infischia delle necessità della famiglia"; "che è troppo permissivo o troppo rigido e autoritario". All'altro: "che sicuramente non capisce, non si adegua ai tempi moderni", perché troppo immaturo, incapace e forse anche disturbato.

Le leggi che hanno promosso e imposto una comune e condivisa responsabilità nelle decisioni che riguardano l'andamento familiare non hanno, inoltre, tenuto conto e non hanno previsto che quando ogni decisione "per legge" deve essere presa di comune accordo, i conflitti che nascono da un modo diverso di vedere e affrontare i problemi e le necessità della famiglia si moltiplicano e si aggravano notevolmente, poiché entrambi i coniugi si sentono autorizzati e stimolati ad interminabili, estenuanti ed in definitiva fallimentari e sterili discussioni e trattative su ogni argomento e su ogni decisione da prendere, piccola o grande che sia.

Queste leggi, inoltre, non hanno previsto che le infinite e sterili discussioni e trattative spesso, alla fine, sfociano nelle peggiori delle conclusioni: non decidere nulla per non darla vinta all'altro, oppure lasciare all'altro tutte le decisioni e smarcarsi il più possibile, a volte gradualmente altre volte rapidamente da ogni responsabilità familiare e godersi in pace il proprio tempo libero e gli amati hobby!

Per l'uomo, la donna rappresentava una realtà notevolmente ricca e importante.

1. Era l'altra parte di sé. Era il simbolo della tenerezza e della fragilità; della delicatezza e della calda emotività. Tutte realtà che all'uomo mancavano e con le quali desiderava unirsi. Dice Harding (1951, p. 25): *"Un uomo senza anima non è che un mezzo uomo, perciò quando la sua anima è proiettata su di un altro essere, è come se metà di lui sia in quell'essere. Di qui l'enorme importanza e l'attrattiva della donna, il desiderio di entrare in rapporto con lei per entrare così in rapporto con l'anima che altrimenti è perduta per lui".*

2. Era la donna l'oggetto d'amore più importante.

3. Era l'essere che gli avrebbe permesso di prolungare la sua esistenza, al di là della vita terrena, mettendo al mondo e poi educando i suoi figli.

4. Era la persona con la quale costruire una famiglia, cioè la cellula base di ogni società umana.

5. Era quell'essere speciale che avrebbe avuto cura di lui, che sarebbe stata a lui vicina in ogni giorno e in tutte le difficoltà della vita.

6. Era, la donna, l'unica persona che poteva dare significato al suo lavoro ai suoi sacrifici e ai suoi impegni.

7. Con la sua presenza calda, affettuosa e operosa avrebbe curato la loro casa e soprattutto i suoi abitanti.

8. Era la persona capace di creare e tenere viva e funzionale la rete familiare e amicale.

Pertanto è stata molto intensa e dolorosa la delusione, quando l'uomo si è accorto che l'anima femminile aveva perduto molte delle caratteristiche che lo interessavano, anzi lo affascinavano. Non ritrovava più in quel nuovo essere la riservatezza, il pudore e la delicatezza che sognava e cercava. Ora la sentiva lontana, spesso insicura, critica e insoddisfatta di tutto e di tutti, soprattutto di lui. Scopriva di non avere accanto a sé una donna che fosse porto sicuro, caldo, accogliente e amorevole. Non trovava più accanto a sé una donna che avesse nei suoi confronti ammirazione, rispetto e accoglienza.

Quando poi egli cercava di costruire una famiglia, sana e funzionale, non scorgeva, nelle ragazze e nelle donne facilmente disponibile all'avventura di una notte e a rapporti sessuali privi di sentimenti profondi, quella serietà nell'affrontare la relazione e il rapporto che egli cercava.

È stato amaro per l'uomo costatare che la donna non era più a lui complementare, ma spesso la sentiva rivale: nel lavoro, nella famiglia, nella vita sociale e in quella politica. Ora era costretto ad accostarsi a lei quasi con timore, sentendola disposta a tutto e a mettere da parte tutto, pur di far carriera e acquisire sempre maggiore potere.

E poi come credere che la donna incontrata avrebbe mai potuto essere la madre dei suoi figli, quando notava che era più interessata al fare, che al prendersi cura; più capace professionalmente, che sul piano educativo. Spesso assente, maldestra e inaffidabile nella cura dei figli, tanto da delegare sempre più la sua funzione educativa e formativa agli altri: nonni, baby sitter, asilo nido, insegnanti di scuola e doposcuola, con risultati molto spesso disastrosi sul piano psicologico.

Ora l'uomo sente il rapporto con questa nuova donna notevolmente rischioso, non solo per l'aumento della sua disponibilità al tradimento e all'abbandono, ma soprattutto a causa delle facili accuse e denunce che egli, in un qualunque momento, avrebbe potuto subire. Accuse di maltrattamenti, molestie sessuali, violenze, stalking, ecc. Accuse e denunce a volte pretestuose, altre volte chiaramente false o costruite ad arte, alle quali poteva far seguito l'allontanamento dalla casa coniugale, la privazione dei suoi beni, ma anche dell'amore, della stima e anche della stessa presenza e vicinanza dei suoi figli.

Le conseguenze di tutto ciò sono state numerose:

- Il rapporto dell'uomo nei confronti delle donne si è modificato profondamente e in maniera sostanziale. Questo rapporto è diventato notevolmente più guardingo, irriguardoso, sospettoso, labile, incostante, con un'accentuazione delle componenti difensive e, consequenzialmente, con una scarsa o assente disponibilità alla fiducia, all'abbandono e all'amore incondizionato.
- Spogliatosi dalle responsabilità del ruolo di capofamiglia ora l'uomo non sente più il dovere di provvedere con responsabilità, al mantenimento della stessa. Così come non si sente più in dovere di preservarne l'unità e la stabilità.
- Volendo trovare un minimo di gratificazione e calore, ha iniziato a rapportarsi con i figli in modo eccessivamente tenero e permissivo, cancellando e rinunciando al suo ruolo di guida autorevole, sicura, lineare e ferma (Slepoj, 2005, p.210). Essendo ora l'uomo più insicuro ed emotivamente più fragile ha perso la sua capacità di condurre con linearità, fermezza e responsabilità

l'educazione dei figli ma anche la conduzione della famiglia.

- Anche la sua sessualità ne risente, diventando più rara, difficile e problematica.

- Inoltre, cosa ancora più grave, con l'allontanamento dei maschi dai loro tradizionali compiti è avvenuto qualcos'altro, che Slepoj (2005, p. 137) sintetizza con queste parole:

"Sono in molti a sottolineare come il progressivo indebolimento dell'autorità paterna, porti con sé effetti devastanti. Nella società postpatriarcale si registra infatti un diffuso venire meno della trasmissione culturale forte, con il conseguente dissolvimento di concetti come autorità, verità, limite, morale, che nella cultura patriarcale venivano tramandati dal padre. Con la sparizione del padre che educa, che impone dei limiti, che insegna il bene e il male, secondo alcuni autori verrebbero meno i cardini della convivenza civile, con la conseguente perdita di orientamento nei giovani, privi di coordinate etico-sociali entro cui muoversi. Ecco perché molti pensatori sostengono che la "morte" del padre significa anche la "morte" dei figli, condannati a vivere in una sfera di incertezza esistenziale, che fa pesare sul singolo la difficoltà di scelte e di decisioni che prima erano stabilite dalla collettività e in modo condiviso".

Oltre agli elementi come l'autorità, i limiti e le componenti morali del vivere civile, ai quali si riferisce Slepoj, la mancata funzione educativa dei padri ha comportato anche la perdita, nell'educazione dei minori, di elementi essenziali della componente umana: come la determinazione e la forza, la linearità e il coraggio, la sicurezza e la fermezza. Qualità queste che caratterizzavano gli apporti paterni e che servivano ad arricchire e rendere più valide sul piano personale e sociale le nuove generazioni. Come conseguenza di ciò, l'assunzione di responsabilità da parte dei figli di entrambi i sessi, è nettamente diminuita, prolungando, in molti casi indefinitamente, il passaggio dall'adolescenza all'età adulta.

In questo periodo storico possiamo constatare che questa condizione innaturale, ma soprattutto poco chiara e definita, di quello che almeno nelle intenzioni doveva essere un sistema basato sulla piena e totale cooperazione e collaborazione, non solo non ha dato i frutti sperati, ma anzi è risultata, nei fatti, una condizione deleteria per entrambi i sessi, favorendo e provocando, oltre che l'allontanamento dai compiti genitoriali, intensi conflitti e sistematici scontri all'interno delle famiglie.

In definitiva il fatto che i maschi avessero accettato, senza battere ciglio, compiti e ruoli diversi, pur di evitare di essere stigmatizzati dalla società, come uomini fuori dalla storia. che si opponevano all'emancipazione femminile, non ha comportato la vittoria del femminile sul maschile, né possiamo onestamente affermare che vi sia stata la vittoria della società più avanzata, su quella patriarcale. Per la verità, a ben guardare, è stata una grave sconfitta per tutti, poiché tutti hanno sofferto e soffrono per le carenze degli apporti squisitamente maschili nella conduzione dell'istituto familiare.

Le conseguenze per le donne

L'iniziale entusiasmo

Le prime conseguenze, dopo il cambiamento dei ruoli nell'ambito delle famiglie e della società, sono state nettamente positive per il genere femminile. La consapevolezza di essere ora protagoniste, oltre che della vita familiare, anche di quella professionale, economica, lavorativa, sociale e politica, ha permesso di vivere questa nuova realtà con entusiasmo e gioia. Non essendo stato difficile conquistare compiti e ruoli una volta appannaggio quasi esclusivo degli uomini, sono rapidamente aumentati di numero i mestieri e le professioni che hanno visto protagonista il genere femminile. L'apporto delle donne si è diffuso a valanga in tutti i campi sociali e professionali: donne docenti in tutte le scuole, donne impiegate, donne operaie, poliziotto, soldato, aviatrici, manager, astronaute, ministro ecc. Inoltre, il rapporto economico più paritario con l'uomo ha fatto aumentare molto il loro potere contrattuale, sia nei confronti delle altre donne, sia nei rapporti con i loro compagni e la società in genere.

Lo stress e la stanchezza

Tuttavia, abbastanza presto molti elementi hanno contribuito a smorzare l'entusiasmo iniziale. La prima difficoltà che le donne hanno dovuto affrontare e anche subire, è stata la maggiore stanchezza e stress causati dal notevole impegno e tempo necessario per affrontare i diversi e svariati compiti che ora sono costrette ad affrontare: seguire attentamente l'andamento della famiglia, l'educazione dei figli, la preparazione e lo studio necessari per affrontare giorno dopo giorno le varie attività lavorative. Oggigiorno le espressioni più usate dalle donne sono: "Corro sempre"; "Devo fare tutto di corsa"; "Corro per preparare qualcosa da mangiare prima di uscire per il lavoro"; "Corro per portare i figli a scuola o dai nonni; per andare in ufficio e strisciare sul badge all'orario previsto";

"Corro per riprendere i figli, per farli mangiare, per far fare i compiti, per pulire la casa, per fare la spesa..."

Questo continuo rincorrere le tante, molteplici attività, è diventato anche un correre delle donne contro se stesse, essendo impossibilitate a godere serenamente i piccoli piaceri della vita, soprattutto quelli familiari: le gioie della maternità, il piacere di un rapporto intimo con i figli, il piacere di un tenero dialogo con il marito.

L'insicurezza
Lo stress e la stanchezza spesso sono accompagnati anche dall'ansia, dall'irritabilità e dall'insicurezza, causate dal fatto che le nuove donne, pur condividendo con i partner gli importanti investimenti affettivi nella conduzione della famiglia, hanno di fatto spostato buona parte dei propri interessi all'esterno dell'ambiente familiare. Il cambiamento nelle idee, nei ritmi di vita, nei comportamenti e negli obiettivi è diventato talmente profondo e incisivo che molte donne non si riconoscono più. Non riconoscono più qual è il loro ruolo; non sanno più chi sono; non sanno più cosa è bene e cosa è male; non sanno più cosa devono fare e come devono comportarsi e agire.

Ackerman, (1968, p. 152) descrive bene questa sensazione d'insicurezza:

"La madre. A sua volta, pretende di avere una forza e una sicurezza che è ben lungi dal possedere. Dato che non si può sentire sicura della forza del marito, assume su di sé il compito di organizzare la vita familiare. Dimostra il suo valore imitando lo stereotipo della forza maschile. Cerca di essere

onnipotente ma riesce soltanto a essere distaccata, imperso-
nale e alienata dagli spontanei sentimenti materni. Si sforza
ardentemente di agire nel modo giusto con i bambini, ma si
tormenta per la paura di commettere errori. Ciò nonostante
pretende di saperci fare, recita la parte della persona forte,
superiore, autosufficiente, e spesso con questa facciata, riesce
a ingannare il marito. Ma fondamentalmente rimane insicura
e dipendente, bisognosa di essere vezzeggiata, pur aborrendo
di confessarlo".

Questo stato d'insicurezza si accentua nel momento in
cui la donna avverte il disagio dei figli e anche il suo, insieme
alla sgradevole sensazione di non sentirsi veramente realizzata, sia come donna sia come madre, giacché i risultati ottenuti
sono spesso modesti in entrambi i campi. In alcuni casi cerca
di eliminare il problema, negandolo: "Non c'è alcun problema,
i miei figli stanno bene, la mia famiglia procede come tutte le
altre, il mio lavoro non ha alcuna influenza negativa su di essa.
Non faccio mancare loro nulla. Tutto è come dovrebbe essere".

In molte altre situazioni invece, nascono in lei degli in-
terrogativi angosciosi ai quali non riesce a dare delle coerenti
e decisive risposte: "E' giusto o no, quello che faccio?" "Mi
comporto bene o male?" Continuamente trascinata e a volte
travolta dal dubbio e dalla perplessità, si chiede: "Ho il diritto
di fare quello che sto facendo?" "Quello che faccio, lo faccio
per me o per la mia famiglia?" "La mia famiglia ne ha veramente bisogno?"

La schizofrenia interiore

Il problema della doppia presenza: in famiglia e in un lavoro impegnativo, porta inoltre ad una schizofrenia interiore difficilmente risolvibile ed affrontabile. L'impegno familiare è nettamente diverso da quello lavorativo. Il primo richiede grandi capacità d'ascolto, intuito, tenerezza, affetto, disponibilità e donazione verso l'altro, e soprattutto dei tempi lenti, elastici e fluidi. L'impegno lavorativo richiede invece una persona scattante, efficiente, razionale, grintosa, precisa e metodica. Vivere bene entrambe le realtà: familiare e lavorativa, è praticamente impossibile, provarci richiede un grande dispendio di energie.

Il conflitto non ha fatto altro che aumentare l'emotività, l'ansia ed i sensi di colpa, accentuando le paure e le indecisioni nei comportamenti. La fuga dai sensi di colpa, dalle difficoltà interiori, dalla tensione, si è tradotta in una rinuncia alla maternità vera, per cercare altri tipi di maternità sostitutive, meno responsabilizzanti e con meno implicazioni emotive, come la cura di uno o più animali, gli impegni di volontariato, l'adozione a distanza ecc.

La frustrazione e l'insoddisfazione

Questi due sentimenti sono sgorgati nell'animo femminile quando le donne hanno avvertito che mentre si spendevano nelle mille occupazioni e nei mille compiti che la società, pretende da loro, non erano più in grado di impegnarsi, così da ottenere dei buoni risultati nelle funzioni che le loro madri e nonne sapevano svolgere benissimo: far crescere sereni, sani e forti i loro figli, così da far maturare in loro le più importanti qualità presenti in un normale essere umano.

Ora molte madri avvertono in modo acuto la sofferenza di essere costrette a trascorrere con i figli solo dei ritagli di tempo, il che -comprendono benissimo- lede, a volte in maniera lieve, altre volte in modo grave, lo sviluppo affettivo- relazionale dei minori, ma anche il forte e profondo legame che avrebbe dovuto instaurarsi con loro.

Poiché le madri non riescono più a dare l'ascolto necessario ai loro piccoli nei momenti più importanti e delicati del loro sviluppo, si accorgono che diminuiscono in molte circostanze le capacità di percepire e poi soddisfare i loro bisogni più veri e profondi. Cosicché la frettolosa e irritata comunicazione che con fatica riescono a instaurare non è adatta a comprenderli e a farsi comprendere. Tanto che i figli, sentendosi deprivati della presenza, delle cure e delle attenzioni a cui avevano diritto e che si aspettavano, durante l'adolescenza, ma spesso anche prima, si rivolgono contro di loro con parole offensive e acide. Le accusano di non aver mai tempo per l'ascolto vero e profondo, di non aver mai tempo per giocare con loro, di non aver mai tempo per le coccole o per ridere e scherzare insieme, di non aver mai tempo per permettere loro di giocare con i compagnetti. Gli stessi figli fanno notare che la sera, dopo una giornata convulsa e stressante loro, le madri, sono sempre troppo stanche, per raccontare le favole della buona notte e se lo fanno, leggendo in fretta e furia qualche pagina di un libro illustrato, queste favole non hanno sapore. Così come non hanno sapore i cibi già cotti o precotti che sono costretti frequentemente a trangugiare.

L'altro motivo d'insoddisfazione delle donne riguarda l'incapacità di costruire e poi mantenere attive quelle reti affettive familiari che le loro madri e nonne del passato sapevano tessere e costruire attorno alla loro famiglia, poiché non hanno né il tempo, né la voglia e la serenità necessaria per gestire questo delicatissimo e importante compito.

Numerosi autori, soprattutto donne, hanno nei loro scritti ben evidenziato queste intime frustrazioni e sofferenze presenti oggi nel genere femminile.

Per Harding (1951), l'immaginario inconscio della donna soffre di questi cambiamenti. Esso si contrappone al pensiero razionale che invece è conscio, perciò voluto, indirizzato e coordinato dalla ragione e dal pensiero concreto. L'immaginario inconscio della donna è legato indissolubilmente alla sua femminilità e maternità per cui le chiede di essere madre inappuntabile, moglie fedele, regina di un ambiente, la casa che lei vorrebbe fosse un nido caldo e accogliente, ricco di elementi affettivi e di cura. Il suo inconscio la spinge ad avere un legame profondo e complementare con l'uomo. Essere l'anima del marito, integrarsi con lui, con lui camminare insieme nella vita, è il suo più profondo desiderio.

Quando quest'immaginario è frustrato, sovvertito, violentato da un pensiero razionale che vuole una donna contrapposta e concorrente all'uomo, niente affatto desiderosa di porsi in modo complementare all'anima di lui, poco disposta ad un ruolo prevalente all'interno della famiglia, della casa e degli affetti, poco incline a un rapporto educativo, vi è un intimo scontro che ha delle conseguenze notevoli. La frustrazione e l'insoddisfazione nascono soprattutto quando le donne si accorgono che il loro modo di porgersi con continua critica, irritabilità, sfiducia e arrogante spavalderia verso gli uomini, rende questi assolutamente insoddisfatti, cosicché li vedono al-

226

lontanarsi da loro, spaventati, perplessi ma anche profondamente delusi.

D'altra parte l'educazione occidentale cerca di sradicare, per quanto possibile, ogni manifestazione dell'istintualità femminile legata alla maternità, alla riproduzione e alla cura, cosicché queste qualità, nella maggior parte delle donne restano sopite e trascurate. In cambio quel tipo di educazione offre loro gli aspetti intellettuali e razionali presenti nella vita lavorativa e professionale, che non riescono a soddisfarle pienamente (Harding, 1951, p.92). Ma per poter emergere nel mondo del lavoro le donne devono necessariamente far affiorare e sviluppare tutte quelle qualità maschili che ordinariamente sono in loro latenti. *"Per conseguenza molte donne che esercitano mestieri e professioni, sono caratterizzate, qual più qual meno, da tratti e abitudini maschili che testimoniano il loro mutato atteggiamento psicologico (Harding E., (1951, p. 84).* Per cui la donna: *"Anziché essere gentile e condiscendente e lasciarsi portare dai suoi sentimenti, in altri termini, invece di agire come essere femminile, essa comincia a perseguire un fine, né più né meno dell'uomo, e il più delle volte diventa aggressiva, autoritaria e testarda. Le sue qualità maschili non sviluppate e non disciplinate nel fondo della sua psiche prendono il controllo della sua personalità (Harding, 1951, p. 86).*

Tuttavia le conseguenze di questa castrazione delle attitudini femminile sono particolarmente traumatiche e dolorose: *"Un oscuro e profondo senso di inferiorità e incompiutezza perseguita in genere la donna che, preoccupata della sua professione non ha dato amore a nessun essere umano. Essa cercherà di trovare compenso a questo senso di insufficienza nel mondo esterno, con la speranza che il riconoscimento dei suoi meriti sociali prenderà il posto lasciato vuoto dall'amore" (Harding, 1951, p. 242).*

Per Bonanate (2008, p. 47):

"C'è tanta infelicità nelle donne di oggi. C'è quella disarmonia con se stesse che crea nevrosi, un uso aggressivo del proprio corpo, una perdita d'identità. Sul lavoro, nell'ambiente sociale, nella vita quotidiana, il mondo femminile si è appiattito sui modelli maschilisti che hanno consacrato una società basata sulla prepotenza del più forte e del più furbo, sulla onnipotenza del denaro, sul successo a qualsiasi prezzo, sul potere come strumento di dominio e di esclusione. Le donne hanno finito in questo modo per rafforzare proprio quel maschilismo spesso spietato e crudele che volevano combattere, uscendone con le ossa rotte, e spesso in una bara. Il pianeta femminile sta perdendo un fondamentale appuntamento con l'uomo per completarsi e aiutarsi a vicenda non in competitività, ma in collaborazione e integrazione, nel rispetto reciproco. In questo vuoto gli istinti peggiori del più forte si abbattono come una mannaia sul più debole, con rabbia, crudeltà, con follia. E il femminicidio registra capitoli sempre più spietati").

E ancora la stessa autrice (Bonanate, 2008, p. 21):

"...il rischio di sprecare questa nuova primavera delle donne, esiste. Ed è quello di non interrogarsi, fuori a ogni ideologia di parte, sul perché la donna è diventata spesso nemica a se stessa. Tradisce le "virtù" femminili più autentiche, come la tenerezza, la capacità illimitata di condivisione, la sua creatività, il rispetto per il proprio corpo, per lasciarsi plagiare dai media della società dei consumi, dalla tirannia

228

del denaro, del successo, del potere, da una libertà illimitata che diventa schiavitù. Per adottare qual maschilismo che proprio il femminismo ha combattuto, pur di raggiungere posti di potere, far carriera, ottenere a tutti i costi una visibilità che si risolve spesso in aggressività e sopraffazione di chi incontriamo".

E così, mentre l'uomo costretto in compiti che non gli si addicono, soffre giacché non si sente pienamente realizzato nel suo ruolo naturale, altrettanto avviene nelle donne le quali, dopo aver assunto molti dei compiti maschili, si sono accorte di aver barattato, per questi, gli elementi più preziosi, belli, importanti e caratteristici della loro femminilità.

Per Morandi (1994, p.23): *"La "parità" si rileva un falso scopo inteso ad adulterare il rapporto di coppia attraverso quella che viene chiamata liberalizzazione dei sessi e che in realtà si rileva, come ampiamente vediamo, una perdita di identità".*

Per Magna (2004, pp. 59-76): *"Negli ultimi decenni abbiamo assistito a notevoli mutamenti nella relazione uomo - donna: la condizione della donna è molto cambiata, ma questa liberazione sul piano dell'agire sembra non aver risolto i suoi problemi profondi. Credendo di doversi liberare dal dominio dell'uomo, ha assunto schemi maschili a scapito della propria femminilità, contraddicendo la sua natura profonda".*

Anche per Ackerman (1968, p. 104): *"Oggi le donne sono più libere, spesso più sicure di sé, ma competono come uomini, così facendo si allontanano dalla femminilità".*

Diminuisce l'impegno nei confronti dell'attività educativa in generale, e soprattutto diminuisce l'attività educativa volta a sviluppare le capacità e la cultura favorevoli al matrimonio e alla famiglia. Tutto ciò porta le donne ad aumentare l'investimento su se stesse, spendendo sempre più per il piacere di sentirsi belle e desiderabili, ma anche mediante la ricerca di gioie e piaceri effimeri e banali per cercare di superare i conflitti interiori e trovare, con questi espedienti, la gioia interiore perduta. Le avventure extraconiugali diventano un mezzo per sentirsi vive, desiderate ed accettate, un mezzo per far sopire, almeno momentaneamente, ansie ed intime contraddizioni.

Il rapporto con l'uomo

Questi cambiamenti nei ruoli e nei comportamenti avvenuti in un tempo abbastanza breve hanno stravolto le regole presenti nei rapporti di coppia e le possibilità di capirsi e incontrarsi con il genere maschile. Con l'aumento della reattività nei confronti dell'uomo sono diventate sempre più facili le accuse e le minacce, le richieste e i ricatti. L'uomo assunto perennemente al ruolo di capro espiatorio dello stress, dell'insicurezza e delle frustrazioni femminili, nello stesso tempo è diventato una controparte alla quale chiedere e dalla quale pretendere sempre di più e sempre con maggiore veemenza e arroganza. Accuse e richieste non solo sono aumentate all'infinito ma spesso sono anche contraddittorie, se non proprio pretestuose, giacché molte volte nascono da evidenti conflitti, insoddisfazioni e contraddizioni interiori.

Le conseguenze per entrambi i sessi

Per entrambi i sessi una delle conseguenze più gravi è stato l'estraniamento. Nonostante in tutte le scuole di ogni ordine e grado, a partite dall'asilo nido, fino all'università e al dottorato di ricerca, uomini e donne stiano insieme, uno accanto all'altra, … "per meglio socializzare e capirsi", viene affermato con sicurezza dagli insegnanti, mai come oggi i due sessi si sentono divisi da un abisso, fatto di incomunicabilità, incomprensione, sospetto, diffidenza, paura e rancore reciproco.

Anche se il nostro desiderio di amore ci porterebbe ad una situazione d'attaccamento e legame con l'altro, il nostro esagerato ed esasperato orgoglio creato dalla nuova condizione e dai nuovi ruoli ci fa sentire, questo lasciarsi andare tra le braccia dell'altro, come rischioso, pericoloso e lesivo della nostra autonomia e dignità. Quest'ambivalenza ci blocca e ci rende incapaci di accogliere pienamente e senza timore l'altro nella nostra vita.

Insomma in questo periodo storico è veramente difficile, agli occhi e al cuore degli uomini, trovare una donna che abbia, se non tutte, almeno qualcuna delle caratteristiche femminili indispensabili per creare una buona famiglia: una donna quindi capace di tenerezza e dolcezza, una donna capace di cura e accoglienza. Allo stesso modo agli occhi delle giovani sembrano scomparsi gli uomini capaci di assumersi le responsabilità di una famiglia e quindi, sicuri di sé, forti, decisi e fedeli, ma anche capaci di sapersi relazionare bene con le loro compagne. Oltre a ciò, ogni membro della coppia non sa più come rapportarsi con l'altro, in quanto non vi sono più dei metri di giudizio che indichino quali virtù dovrebbe avere

"una "brava ragazza" o come dovrebbe essere "un buon ragazzo". Tutto è diventato confuso, disordinato, ambiguo e instabile.

Per tali motivi una grossa fetta dei due sessi, ormai ri-
fugge dall'idea di un rapporto stabile e duraturo, serio e costruttivo non dico di una famiglia, ma anche soltanto di una
parvenza di stabile convivenza, preferendo, a questi rapporti,
un continuo alternarsi di piccole, insignificanti "storie" sentimentali e sessuali, senza alcun costrutto, senza alcuna prospettiva futura, senza alcuna programmazione di vita. È come se
ogni sesso, agli occhi e al cuore dell'altro, avesse perduto le
caratteristiche più importanti e utili per creare un'unione di
coppia stabile e quindi una nuova, funzionale famiglia.

5

La prevenzione

Se vogliamo diminuire, se non debellare, l'aggressività, la violenza e i conflitti presenti nelle coppie e nelle famiglie, è evidente che bisogna agire sulle cause che li determinano. Di queste cause abbiamo abbondantemente scritto nel capitolo precedente. La modifica dell'ambiente sociale e familiare nel quale vive la coppia è fondamentale per attuare una prevenzione primaria che miri a evitare che nelle coppie esplodano dei conflitti talmente frequenti e intensi che è difficile affrontarli adeguatamente.

Immaginare, come attualmente spesso viene fatto, che questi fenomeni possano essere affrontati quasi esclusivamente mediante leggi sempre più severe e repressive, quasi sempre da applicare nei confronti di uno dei due generi: il sesso maschile, è non solo moralmente discutibile, ma è anche fondamentalmente errato, poiché non vi è dubbio che la violenza, anche se con modalità e strumenti diversi, è espressa da entrambi i sessi, mentre le vere cause dei problemi delle coppie vengono da molto lontano e sono, come abbiamo visto, molteplici e profonde.

Inoltre l'atteggiamento di costante criminalizzazione del sesso maschile è controproducente, poiché accentua sia una maggiore reattività femminile ad ogni atteggiamento, anche il più spontaneo e ricco di buone intenzioni che proviene dall'altro sesso, sia la rabbia dei maschi, che si sentono sistematicamente e ingiustamente accusati, oltre che sminuiti, nelle loro qualità affettive, intellettive, psicologiche, etiche e morali. D'altra parte è illusorio pensare di superare la violenza con altra violenza, in una perpetua, coatta, ripetizione. È possibile debellare l'aggressività e le violenze, che spesso ne conseguono, soltanto riconoscendo le circostanze e le condizioni che la generano e poi lavorando coraggiosamente per evitarle (Hacker, 1971, p. 117). Intervenire in maniera efficace su buona parte se non su tutte le problematiche presenti nelle coppie e nelle famiglie, mediante opportune terapie è oggi praticamente impossibile, dato l'enorme numero di coppie e famiglie squassate da conflitti, aggressività e violenze. Sarebbe come cercare di svuotare il mare con un cucchiaio.

Fatte queste fondamentali premesse, e in attesa che la società civile, le leggi dello stato e i servizi deputati alle coppie e alle famiglie, come i consultori familiari, finalmente s'impegnino in un'attività di prevenzione e promozione, così da riuscire ad eliminare, se non tutte almeno una buona parte delle cause più importanti che creano i conflitti, le singole coppie potranno sicuramente migliorare il loro rapporto, nel momento in cui saranno riuscite a tener conto di alcuni concetti basilari.

Alcuni concetti basilari

Tutte le relazioni sono difficili

Non ci sono relazioni facili. Non esistono relazioni che non richiedano impegno, sacrificio o che siano esenti da momenti di tensione e sofferenza. Anche quando ci poniamo in un rapporto molto semplice, come può essere quello con un animale da compagnia: un cagnolino dagli occhi dolci e teneri o un gattino affettuoso da coccolare e accarezzare, anche in questi casi, insieme a dei momenti di gratificazione, piacere e gioia, vi saranno sicuramente dei periodi di difficoltà, impegno e sacrificio. Non solo, ma è naturale che in alcuni momenti, possano emergere momenti d'irritazione e insofferenza: "Vorrei fare un bel viaggio con le mie amiche, ma cosa devo fare di questo gattino?" "Che seccatura questa cagnetta: quante vaccinazioni da praticarle e quanti soldi che devo spendere per nutrirla, pulirla e curarla!"; "Il mio cagnolino non vuole saperne della mia stanchezza e del fatto che spesso soffra d'insonnia! Che ci sia sole o pioggia, che sia un giorno di vacanza o di lavoro, che io abbia dormito oppure no, alle sette del mattino vuole sempre uscire per fare la sua passeggiatina!"

Dovrebbe inoltre essere facile riconoscere che le relazioni umane sono notevolmente più complesse e difficili di quelle che possiamo instaurare con un animale, pertanto è naturale che necessitino, oltre che di tanta serenità e maturità interiore, anche di una grande disponibilità all'impegno e al sacrificio, insieme a tanta pazienza, capacità d'accettazione e sopportazione.

Le relazioni sono molto più difficili quando sono presenti delle problematiche psicologiche di un certo rilievo.

Le relazioni, tutte le relazioni diventano più difficili, se non impossibili, quando sono inficiate da problematiche psicologiche che alterano o disturbano proprio le capacità nella socializzazione e integrazione con gli altri. Queste problematiche psicologiche le riconosciamo facilmente poiché si evidenziano con ansia eccessiva, depressione, facile irritabilità, paure, fobie, ecc. Questi, e altri sintomi di disagio interiore, influenzano in modo rilevante la comunicazione, l'ascolto, l'intesa e il nostro rapporto con gli altri, specie con le persone a noi più care. In tali casi, quando i disturbi sono intensi, così da far soffrire il soggetto che ne è colpito e le persone a lui vicine, è necessario un attento esame specialistico, affinché sia valutata la gravità delle problematiche e siano indicate le terapie più efficaci per risolverle.

Tutte le relazioni possono avere dei momenti di difficoltà o crisi.

Così come non esiste un tempo atmosferico sempre bello, ma periodi e giorni sereni si alternano ad altri tempestosi, nei quali nuvole nere incombono da un cielo tetro, sconvolto da fulmini e tuoni che sembrano scuotere la terra, oltre che impaurire i cuori, allo stesso modo vi sono giorni o periodi nei quali l'intesa di coppia sembra perfetta, cosicché il calore e la gioia si offrono alla coppia come spumeggianti coppe di sciampagne da sorseggiare al chiaro di luna. Tuttavia vi sono altri giorni o altri periodi nei quali gli sguardi arrabbiati, le parole tese, irose e i comportamenti scostanti e irritanti sembrano fatti apposta per incendiare ancor più gli animi, facendo in tal modo del male all'altro, a se stessi e all'unione coniugale. In definitiva le relazioni di coppia non sono qualcosa di stabile e immutabile, anzi il loro equilibrio è spesso instabile e precario, per cui hanno bisogno di continui aggiustamenti. Per tale motivo i conflitti sono presenti, in modo più o meno evidente e in modo più o meno grave e frequente, in tutte le relazioni intime, ma si considerano patogeni solo quando non sono dominati e correttamente gestiti.

È indispensabile comprendere il corretto significato dell'amore.

Intanto è indispensabile accettare che, nel campo amoroso, il nostro compito non può certamente esaurirsi nel godere dell'amore o del piacere che si prova nell'essere amati.

Amare ha ben altri significati.

Come dice Dacquino (1994, p. 267): "Chi possiede una vera disponibilità affettiva non privilegia l'amore come sentimento, ma come impegno; non si limita quindi a vivere gli affetti ma costruisce su di essi; non vuole comandare ma è disposto anche a servire, non vuole passività ma il fare insieme". Se la fase dell'innamoramento è fatta per lo più d'illusioni che svaniscono dopo qualche mese o al massimo qualche anno, l'amore è un sentimento profondo che richiede molta volontà, saggezza, costanza, umiltà e coraggio nella sua gestione. Inserirsi in un rapporto amoroso significa essenzialmente iniziare in due, un cammino di crescita nel quale è importante accettare con gioia i bisogni e le istanze dell'altro. Questo cammino richiede una notevole disponibilità all'accoglienza e all'ascolto, tanta delicatezza e tenerezza, il tutto unito ad una notevole dose di responsabilità ed impegno, finalizzati al benessere fisico e psicologico dell'altro.

Pertanto, ad esempio, è necessario un uso molto attento delle parole e delle espressioni che utilizziamo. Queste oggi, purtroppo, non tenendo in alcun conto la sensibilità e la sofferenza dell'altro, spesso corrono in totale libertà e veicolano, nei confronti di chi dovremmo rispettare, amare e proteggere, accuse gratuite ed eccessive, imprecazioni e offese volgari.

Poiché amare significa aver cura e sollecitudine verso la persona che ci sta accanto e fare di tutto, anche con sacrificio personale, pur di riuscire a farla stare bene, sia fisicamente sia psicologicamente, è evidente che bisogna spostare l'obiettivo dell'amore dall'"io" al "tu". Pertanto non "tu sei mio", che ha la forma del possesso, ma "io sono tuo", nel quale l'amore è donazione (Pirrone 2014, p. 57). Poiché la dimensione fondamentale dell'amore è la relazione, per amare è necessario dare se stessi attraverso il dialogo, l'amicizia, le tenerezze e le coccole. Amare significa essere comprensivi verso l'altro, non solo accettando i suoi limiti e difetti, ma anche valorizzando le sue qualità.

Amare significa anche vedere la coppia come un'unità, una squadra. Pertanto, insieme si vince e insieme e si perde. Certamente non può essere assolutamente adeguato l'atteggiamento nel quale ci si pone come dei rivali, pronti a godere dei limiti dell'altro, pronti ad azzannarsi e farsi del male, pur di prevalere sull'altro.

Poiché il rapporto di coppia, come ogni relazione interpersonale, si basa sul principio della gratificazione reciproca, amare significa darsi vicendevolmente ed offrire con generosità e gioia alla persona amata le cose più belle che possediamo dentro di noi mentre accogliamo con gratitudine e gioia quanto riceviamo dall'altro (Dacquino, 1994, p. 277).

Inoltre, è bene tener presente che ogni nostro atto o sentimento ha bisogno di precise regole. Quando eliminiamo dai nostri comportamenti amorosi e sentimentali la necessaria responsabilità e l'autodisciplina, così da lasciarci guidare e trasportare soltanto dagli impulsi e dai bisogni del momento, diventa quasi impossibile dare stabilità, correttezza ed efficacia alle relazioni solide e fondamentali per la nostra vita. Per tale motivo non è assolutamente valida, ed è anche molto rischiosa, la teoria della spontaneità, che ha condizionato in maniera notevole il comportamento relazionale dell'ultimo mezzo secolo. Questa teoria, tollerando ad oltranza gli elementi istintuali dell'essere umano, ha reso lecita la ricerca di ogni proprio piacere e il soddisfacimento di ogni proprio desiderio, senza tener conto dei bisogni e soprattutto della sofferenza dell'altro (Dacquino, 1994, p. 266). Ciò inevitabilmente ha reso tutti i rapporti sentimentali e amorosi poveri, fragili, ma anche molto conflittuali.

Il vero amore per crescere ha bisogno di stabilità e questa, a sua volta, è fondamentale per il benessere individuale, familiare e sociale. Se la coppia è un'entità molto più forte di quanto lo sia la persona singola, il lavorare per stabilizzare la relazione con un partner permette di avere quella tranquillità interiore e quella garanzia degli affetti che ci può offrire la sicurezza, la serenità e la realizzazione che ognuno di noi ardentemente desidera (Dacquino, 1994, p. 277).

Il dialogo efficace

La comunicazione è un elemento indispensabile per la vita relazionale. Nella fase iniziale è necessaria per conoscere l'altro, le sue qualità e disponibilità, sia nel dare sia nel ricevere, i suoi bisogni e desideri, le sue possibilità e capacità come futuro marito o moglie, come futuro padre o madre. In una fase successiva il dialogo è indispensabile non solo per scoprire i cambiamenti presenti in chi è a noi vicino, ma anche per riuscire ad adattarsi a ogni nuova e diversa realtà, che le esperienze positive o negative della vita nel tempo apportano.

È difficile immaginare una relazione senza che alla base di questa via sia un buon dialogo. Il linguaggio verbale è sicuramente un importante strumento di dialogo, ma non è l'unico. È altrettanto importante la comunicazione non verbale, fatta di gesti e comportamenti. Un dono, un gesto tenero, un atteggiamento di solidarietà, lo scambio di una sessualità matura, capace di comunicare il nostro amore, la nostra disponibilità e attenzione verso l'altra persona, sono in una coppia comportamenti e atteggiamenti preziosi, quanto e più di mille parole.

Scambiando con la persona che amiamo i nostri pensieri, le nostre paure e le difficoltà che incontriamo giornalmente, il dialogo ci permette sia di farci aiutare dall'altro sia di essere vicino a quest'ultimo con sollecitudine e tenerezza. Pronunciando le parole giuste al momento giusto, riusciamo a dare a chi amiamo il sostegno e il conforto dei quali ha bisogno. Valorizzando le qualità dell'altro sicuramente potremo migliorarne l'autostima, così da farlo sentire più sereno, forte e sicuro di sé.

Il *dialogo efficace* si riconosce facilmente poiché riesce a soddisfare i bisogni e le attese della persona con la quale ci relazioniamo; pertanto, è in grado di produrre benessere e serenità alla persona che amiamo, alla coppia e a tutta la famiglia.

Le sue caratteristiche più importanti sono:

1. *La chiarezza, la sincerità e la lealtà.*

Affinché il dialogo sia efficace, il linguaggio dovrebbe essere per quanto possibile chiaro, semplice, sincero e trasparente, ma anche onesto e leale. Le bugie, i sotterfugi e ancor peggio i tradimenti delle promesse fatte, sono capaci di minare anche le relazioni più solide. Tuttavia, poiché le parole possono produrre una notevole sofferenza, una comunicazione efficace non consiste nel dire tutto ciò che passa per la mente, ma nel costruire, attraverso l'amore e il rispetto per la sensibilità altrui, un rapporto sincero e leale. Il minimo che si può chiedere a due persone, che si vogliono bene e che vogliono scongiurare conflitti inutili, è quello di evitare di ferire inutilmente l'altro mediante parole, frasi e atteggiamenti, espressi senza essere stati filtrati dal buon senso e dall'opportunità. In definitiva, bisogna assolutamente evitare che la sincerità si trasformi in crudeltà. Pertanto, in ogni relazione anche il tacere ha una grande importanza.

2. *L'accettazione e l'accoglienza*

Accettare l'altro significa accoglierne la diversa personalità ed identità sessuale. Accettare l'altro significa accoglierne anche il diverso ruolo. È da quest'accettazione di base che nasce e si sviluppa un confronto positivo. Quando tutto ciò manca, per cui vorremmo che l'altro fosse come noi lo sogniamo e desideriamo o che abbia sempre le stesse caratteristiche di quando l'abbiamo incontrato e ci siamo innamorati di lui, ci accorgeremo con amarezza che il dialogo diventa difficile o cessa del tutto. È indispensabile inoltre riconoscere che ogni elemento della coppia proviene da un passato, attraversa un presente e vuole proiettarsi in un futuro di cui non si può avere certezza. Pertanto, in un rapporto ricco e vivo, è necessario un continuo adattamento reciproco.

È inoltre necessario accogliere le nostre e altrui fragilità. Accanto alla forza e alla sicurezza, ognuno di noi, a causa delle sofferenze e dei traumi subìti nel proprio passato, ha anche alcune o molte fragilità. Quando nella ricerca puntigliosa, oltre che inutile, della perfezione, non le accettiamo, mostrando di conseguenza un atteggiamento giudicante, rischiamo di compromettere la spontaneità dell'altro il quale, in futuro, cercherà di evitare di esternare il contenuto più profondo dei propri pensieri ed emozioni. Contemporaneamente, rischiamo di stimolare inutilmente le sue difese e le sue reazioni rabbiose e aggressive.

Il dialogo è efficace quando riesce ad accogliere e tenere nella giusta considerazione le idee altrui. Poiché siamo uguali come esseri umani, quando la comunicazione è valida, si riesce facilmente ad accettare, senza sentirsi minimamente menomati, le decisioni e le opinioni dell'altro, specialmente quando queste nascono da una diversità di ruolo, da caratteristiche sessuali diverse, da qualità ed esperienze specifiche. Poiché la verità non è mai una sola, e ha tante sfaccettature, dovremmo imparare a non sentirci aggrediti o svalutati se le nostre idee non sono sempre condivise (Dacquino, 1994, p. 304). D'altra parte sappiamo che i bisogni di un uomo sono diversi da quelli di una donna. I bisogni d'ogni individuo possono essere o tradursi in maniere diverse l'uno dall'altro. Non esistono due persone uguali, con gli stessi gusti, la medesima realtà interiore, gli stessi desideri.

Come dice Ackerman (1968, p. 35):

"La differenza tra coniugi nelle relazioni familiari non deve essere considerata un pericolo, più di quanto non sia la differenza sessuale. Al contrario, essa deve essere salutata come prova di un complemento del Sé; come è la possibilità di imparare nuove cose e di realizzarsi meglio".

La complementarietà in ogni relazione è lo strumento migliore che le coppie hanno inventato per riuscire a diminuire il numero e la gravità dei conflitti. Nelle relazioni familiari sostiene l'unità, aiuta l'unione e la partecipazione (Ackerman, 1968, p. 82). E ancora lo stesso autore: "Gli uomini e le donne possono essere ugualmente rispettati per quanto danno alla famiglia, alla vita, alla società, ma la qualità di questo rispetto deve essere diversa" (Ackerman 1968, p. 223). Ed è per tale motivo che la complementarietà nei ruoli ancora oggi è utilizzata da milioni di coppie in buona parte del mondo.

Per Ackerman (1968, p. 115): *"Esiste una complementarietà positiva quando i componenti della coppia o del triangolo familiare esperiscono una reciproca soddisfazione dei bisogni, in modo tale da promuovere un positivo sviluppo emotivo delle relazioni e degli individui".*

Con questa strategia ognuno dei due sa e accetta che vi siano delle decisioni e dei settori della vita familiare, come l'educazione dei figli, che sono di appannaggio o di specifica competenza dell'altro.

Le esperienze nettamente negative degli ultimi decenni nel mondo occidentale hanno ampiamente confermato che il discutere, decidere e prendere insieme ogni decisione: da quelle più importanti e fondamentali che riguardano l'andamento di base della famiglia, a quelle più minute di ogni giorno, anche se ciò appare "una cosa bella, moderna e attuale", si è invece dimostrata nei fatti, il modo migliore per provocare e incrementare i conflitti e, di conseguenza, anche i comportamenti aggressivi e violenti nelle relazioni di coppia.

3. *L'ascolto*

Il dialogo efficace non dovrebbe consistere in una lotta di parole e argomentazioni per combattere e sopraffare i pensieri e le idee altrui, ma un mezzo per capire e mettersi in ascolto dei movimenti dell'animo della persona amata, al fine di armonizzarsi con essi. Per tale motivo nelle discussioni è bene cercare di comprendere il punto di vista dell'altro e riflettere, più sui bisogni che questi esprime, non solo con le parole, ma anche con i silenzi, piuttosto che sulla risposta da dare per sopraffare le sue idee, i suoi pensieri e i suoi sentimenti.

Per preservare una buona intesa è necessario spezzare in maniera decisiva il circolo vizioso che spesso si crea: "Lui mi ha fatto... lui mi ha detto e quindi io gli ho detto...io gli ho fatto..." che si potrebbe tradurre in: "Lui mi ha detto questa cosa sgradevole o peggio offensiva, io di rimando l'ho messo al tappeto con una cosa ancora peggiore e più offensiva". L'esperienza delle coppie, che vivono un rapporto sano e armonico, ci indica invece che è molto meglio dare risposte totalmente diverse da quelle che l'altro ci ha dato e che ci hanno fatto soffrire o da quelle che l'impulso del momento istintivamente ci suggerisce. Questa strategia stimola la persona che amiamo a riflettere sulle sue parole e sulle sue azioni e gli crea nell'animo un debito psicologico di riconoscenza nei nostri confronti.

4. *La delicatezza.*

Spesso con gli estranei tendiamo a misurare le parole e i gesti per non offendere. Pur di essere accettati cerchiamo di avere modi cortesi, delicati e rispettosi. Per non essere sgradevoli, cerchiamo di essere allegri e di buon umore, mentre con la persona con la quale condividiamo la nostra vita e che dovremmo amare e rispettare più di qualunque altra, tutto ci sembra lecito. Pertanto, tendiamo ad usare nei suoi confronti modi e parole che mai useremmo con gli altri: "…perché se lui/lei mi ama veramente, mi deve accettare così come sono. Perché se lui/lei mi ama fino in fondo, deve riuscire a sopportare il mio nervosismo e i miei comportamenti irritanti".

Purtroppo non è così. I modi bruschi, le parole che umiliano, che fanno sentire male, l'eccessiva impulsività, la poca pazienza e l'aggressività allontanano, spaventano e mettono sulla difensiva chi ci sta accanto; esse ledono la sua pazienza, fanno scemare l'interesse e l'amore che ha per noi ed è facile che lo stimolino ad adottare dei comportamenti altrettanto deleteri e distruttivi.

Non sempre le parole sono utili nelle relazioni di coppia. È molto meglio tacere quando avvertiamo dentro di noi tensione, ansia, aggressività e irritabilità, a causa delle quali tendiamo a essere scontrosi, irritanti o troppo sensibili e reattivi ad ogni parola che l'altro pronuncia anche in buona fede. È più saggio evitare di replicare quando ci accorgiamo che le parole peggiorano il rapporto, tendono a svalutare e umiliare l'altro, colpiscono i sentimenti più profondi dell'altro. Meglio parlare solo quando avvertiamo che quello che diremo gli darà serenità, lo conforterà, lo aiuterà a capire i nostri bisogni e i nostri argomenti. In definitiva spesso è possibile sdrammatizzare le tensioni che si creano e ristabilire un clima sereno e positivo, semplicemente evitando di rispondere con aggressività alle parole aggressive dell'altro (Dacquino, 1994, p.265).

5. *Il piacere dell'incontro con l'altro*

Anche se non sempre ciò è possibile, anche se non sempre si riesce a trovare quell'intesa tanto agognata, la tensione interiore nell'approccio con l'altro dovrebbe esserci in ogni momento ed in ogni occasione, soprattutto nelle occasioni e situazioni più difficili e complesse. Per tale motivo, se è utile non lasciare che si accumulino dei non detti o delle piccole realtà negative, che in seguito potranno esplodere in un incontrollabile litigio, è disastroso discutere continuamente di tutto, così com'è dannoso rinvangare continuamente il passato: "Ricordati quella volta che tu mi hai detto…" "Pensa a quando hai guardato quella donna in mia presenza". Spesso nei litigi sono fatti riemergere episodi lontani del passato che dovrebbero essere e restare sepolti per sempre e non proposti continuamente.

Bisogna inoltre ricordare a se stessi che il compromesso non è una perdita di qualcosa ma una conquista. Allo stesso modo però, bisogna tener presente che quando si accettano delle proposte di conciliazione bisogna poi attenersi a quanto concordato.

6. *Il lavoro e gli impegni*

A volte si litiga per il gusto di litigare: perché siamo nervosi, stanchi, frustrati nei nostri bisogni, a causa del lavoro o delle relazioni poco felici con i colleghi, con gli amici o altri familiari. Per tale motivo, quando si vuole iniziare una discussione che potrebbe degenerare, bisogna sempre chiedersi da dove realmente nasce la nostra irritabilità e quindi se veramente vale la pena iniziare un litigio.

La comprensione, l'ascolto, il trovare l'intesa, il limitare il proprio Io, richiedono grandi capacità e notevole disponibilità interiore. Quando queste sono scarse, perché le abbiamo spese per il lavoro, gli impegni familiari o extrafamiliari, le energie residue non sono capaci di farci instaurare un dialogo efficace. Il lavoro, come molti altri impegni, anche di notevole spessore sociale, può creare un coinvolgimento emotivo eccessivo: occupando i nostri pensieri, prelevando buona parte delle nostre energie, impegnando la volontà oltre limiti accettabili.

Evitiamo quindi di lasciare per l'incontro, la comunione, lo scambio con la persona che amiamo i rimasugli del nostro tempo e delle nostre energie. Ritagliamo invece, nella nostra vita di ogni giorno o della nostra settimana, delle ore e dei giorni da dedicare con serenità, disponibilità ed il massimo delle nostre energie e capacità al dialogo e allo scambio affettivo, amoroso e sessuale.

7. *I sentimenti positivi.*

I doveri di un compagno di vita sono anche quelli di ascoltare, lenire e confortare il nostro animo. Ciò che rinsalda l'unione è la partecipazione e la condivisione di pensieri, sentimenti ed emozioni. Pertanto è fondamentale il coinvolgimento affettivo che porta a vivere, come fossero nostri, le gioie e le gratificazioni dell'altro, ma anche la sua tristezza e sofferenza. Tuttavia, spesso le aspettative che abbiamo nel campo amoroso sono tante, troppe e assolutamente irrealistiche. Poiché non possiamo essere sicuri che l'altro possa saziare tutti i nostri bisogni e offrirci non dico la felicità ma almeno la serenità interiore che ci manca da sempre, è inutile chiedere alla persona che amiamo più di quanto possa darci. Questa, come noi, ha dei limiti che bisogna accettare e rispettare, se non si vuole costringerlo ad allontanarsi, a causa di un carico eccessivo di richieste e lamentele riversate continuamente sul suo animo.

Per tale motivo è bene evitare le continue lagnanze: "Tu non fai, tu non sei..., tu non mi capisci..., tu non cerchi di..." È meglio sforzarsi di comunicare sentimenti maturi e positivi come l'ottimismo, la fiducia, il coraggio e la stima. Sentimenti questi che aiutano a crescere e ad affrontare con gioia e con serenità le difficoltà e le avversità della vita.

L'ottimismo e l'allegria

Per prevenire conflitti e aggressività reciproche è sicuramente molto utile un sano ottimismo. Uno stato d'animo positivo ci permette di osservare la realtà con animo sereno e lieto, cosicché possiamo nutrire fiducia in noi stessi ma anche in chi ci sta vicino. L'ottimismo ci permette, tra l'altro, di fare assegnamento sulle qualità positive dell'altro, evitando di porre l'accento ed esaltare nel nostro animo gli aspetti negativi che ci infastidiscono e fanno soffrire. Un sano ottimismo può inoltre potenziare le capacità della coppia nel saper riconoscere e affrontare i problemi che ogni giorno si presentano, riuscendo a trovare sempre un giusto compromesso.

Se riusciamo ad accompagnare la nostra vita in due con un atteggiamento e un umore allegro e brioso, sarà inoltre più facile vivere in modo sereno, stabile e duraturo i rapporti sentimentali. Il sentirsi lieti, il divertirsi insieme, il condividere con una risata liberatoria uno scherzo o una battuta, fa sentire la coppia più aperta alla vita e al cambiamento, aiuta a sdrammatizzare le situazioni difficili che inevitabilmente si incontrano, permette di scaricare ed eliminare le inevitabili tensioni, in definitiva, fa gustare meglio il piacere di stare insieme. Naturalmente l'allegria non deve servire a deridere o schernire l'altro giacché quest'atteggiamento produce frutti deleteri in tutte le relazioni.

Il perdono

Bisogna essere sempre pronti e disponibili a chiedere perdono e a perdonare poiché tutti abbiamo qualcosa meritevole di assoluzione. D'altra parte, com'è possibile asserire di amare qualcuno se non si è disposti ad accettare le sue imperfezioni, i suoi difetti e i suoi limiti?

Per Pirrone (2014, p56):

"L'intelligenza serve per capire che tutti abbiamo dei difetti e che quindi l'altro va amato, nonostante i suoi limiti, con tutti i suoi difetti. E per fare questo ci vuole la volontà: "Voglio volerti bene".. Il bene significa voler sostenere l'altro a realizzarsi pienamente come persona, aiutarlo a sviluppare al meglio le sue qualità e acquisire capacità nuove che non gli sono innate.

Il perdono ci permette di ricostruire insieme, su fondamenta più solide, il nostro rapporto, ci aiuta a superare la chiusura in noi stessi, esso ci permette di entrare in comunione più profonda, poiché possiamo meglio capire le ragioni dell'altro.

Quando l'altro ci ha fatto del male, possiamo far finta di niente oppure cercare di analizzare le ragioni della crisi mediante la luce calda dei sentimenti, mentre da parte di chi chiede il perdono è importante cercare di capire perché l'altro si è sentito ferito e umiliato.

Il perdono ha molti lati positivi:

- Fa stare meglio. *"Secondo quando hanno dimostrato numerosi studi, quando riusciamo a perdonare, ci sentiamo meglio, come liberati da un peso, possiamo girare pagina e guardare al futuro"* (Hofmann, 2015).

- Fa rientrare nella propria vita la serenità e la pace.

- *Cancellando il passato è più facile costruire il futuro.*

- Il perdono cambia le persone da dentro, poiché anche se non fa dimenticare il male ricevuto consente di portarlo in sé senza rancore.
- A sua volta, le persone che perdonano, sentendosi meglio, in seguito avranno più facilità nel perdonare (Hofmann, 2015, p. 99).
- Chi perdona facilmente sta meglio anche fisicamente (Hofmann, 2015, p. 99).
- Il perdono ristabilisce il contatto con l'altro, rende vivo il dialogo, riapre un processo di crescita.

Nonostante ciò il perdono è difficile a causa del nostro amor proprio, della nostra gelosia, del nostro orgoglio. Le personalità rancorose e psichicamente meno stabili perdonano con più difficoltà (Hofmann, 2015, p. 99). Perdonano più facilmente i bambini piccoli, perché sanno che i rimproveri di papà e le sgridate della mamma non tolgono nulla al fatto che entrambi amano moltissimo i figli. Sono più facili al perdono anche le persone più avanti con gli anni, giacché sanno per esperienza personale che è insito nel nostro DNA lo sbagliare e che di errori ognuno di noi ne commette tanti nella vita. Inoltre, la maturità permette di controllare meglio le proprie emozioni.

Con più difficoltà riescono a perdonare i giovani, i quali non accettano e non sopportano gli errori degli altri, mentre sono ben disposti a coprire, cancellare e scusare i propri. Hanno inoltre difficoltà a perdonare le persone che hanno un alto livello di narcisismo.

È più facile perdonare quando si è costruito un amore solido e forte. "Se i due sono molto vicini, se il loro rapporto è soddisfacente o hanno investito molto per crearlo e conservarlo, sarà più facile chiudere un occhio sulle offese" (Hofmann, 2015, p. 99). Naturalmente si perdona più facilmente quando chi ha offeso ammette la colpa e si mostra pentito (Hofmann, 2015).

La cura delle relazioni

Così come il nostro corpo si ammala e pertanto abbiamo bisogno del medico che ausculti le nostre spalle, palpi il fegato e l'addome allo scopo di diagnosticare il nostro male, per poi consigliarci la terapia più adatta, allo stesso modo anche le relazioni, tutte le relazioni, si possono ammalare in maniera lieve oppure grave e possono avere bisogno che qualcuno esamini, comprenda l'origine dei problemi che le assillano e ci aiuti a curarle. Per questo motivo una relazione disturbata o malata non significa affatto che sia morta e che quindi abbia soltanto bisogno di un buon funerale officiato da giudici, periti e avvocati.

Questo semplice, banale concetto spesso non è compreso, né è facilmente accettato, sia dalle singole coppie, sia soprattutto dalle politiche sociali rivolte alle coppie e alle famiglie. Si legifera per rendere sempre più spediti i divorzi, che sono poi i funerali delle coppie e spesso anche delle famiglie, ma poco o nulla si fa per prevenire e poi per curare queste stesse fondamentali realtà. Per altro sono veramente poche le coppie in crisi che chiedono di intraprendere un cammino che le aiuti ad affrontare e se possibile risolvere i problemi che assillano i loro rapporti amorosi.

Immersi ormai da decenni nelle immagini edulcorate dei film e della tv sull'amore romantico, crediamo, anzi ne siamo certi, che "l'amore o c'è o non c'è; e se non c'è bisogna prenderne atto il più presto possibile: prima separandosi, poi iniziando al più presto le pratiche di divorzio e infine cercando un altro oggetto d'amore se possibile migliore e più affidabile".

E invece, come dice Harding, un atteggiamento di maggiore responsabilità verso l'aspetto sociale del matrimonio renderebbe più rara la necessità del divorzio, di quel che oggi non sia, anche quando uno dei coniugi s'innamorasse di una terza persona. (Harding, 1951, p. 236).

L'amore che spesso viene presentato dai film e dalle telenovele come un regalo che scende dolcemente da un cielo rosato per posarsi sul nostro cuore, si dovrebbe invece paragonare a una casa che bisogna costruire in due, ora per ora, giorno per giorno, mattone dopo mattone, con fatica, con sudore, sporcandosi le mani. Ma ciò non basta. Anche quando si è finito di costruirla e sembra ben solida e funzionale, questa costruzione ha bisogno, come tutte le case, di continui interventi di riparazione, se non di una completa ristrutturazione. Cose queste che richiedono molto impegno, tanta fatica e sacrificio personale, oltre che grande fiducia e disponibilità.

Insomma non esistono, se non nella nostra immaginazione, amori stabilmente sani e felici da poter godere in panciolle; esistono invece amori da realizzare giorno per giorno, amori da proteggere, affinché non si guastino, amori da riparare o anche ricostruire, quando le intemperie e i terremoti della vita li hanno danneggiati gravemente. Come dice Pirrone (2014, p. 57): "Amare significa lavorare su di sé e sulla relazione per renderla sempre migliore o per curarla quando tende a deteriorarsi".

Poiché nella coppia le strategie che si mettono in atto, per risolvere i conflitti e le incomprensioni, sono a volte poco adatte, tanto da innescare spesso dei circoli viziosi, per cui le coppie tendono a rispondere con comportamenti sempre più negativi a stimoli comunicativi inadeguati, è necessario affidarsi ad una terza persona, esperta in questo campo, che ci aiuti. E' comprensibile, pertanto, l'importanza d'interventi volti a fornire alle coppie strumenti capaci di sviluppare e promuovere le risorse personali e di coppia, sia per ridurre i fattori di rischio, sia per contenerli e non farli peggiorare.

Alcuni di questi "medici e psicologi della coppia" sono orientati alla prevenzione e cioè alla riduzione dei fattori di rischio dei conflitti coniugali, altri alla cura e quindi al potenziamento delle competenze della coppia.

Le terapie di coppia

La terapia dei disturbi coniugali mira a diminuire la sofferenza e a migliorare il cattivo funzionamento del rapporto esistente tra i coniugi. Sono numerosi i programmi rivolti alle coppie.

Alcuni di questi sono molto semplici e anche divertenti, come il tradizionale metodo giapponese *Shindai* nel quale, quando sopraggiunge un conflitto di coppia, ogni contendente prende un cuscino con dentro delle piume sul quale è stata fatta un'incisione. I due lottano a colpi di cuscino. Il terreno di lotta è, in genere, proprio il letto matrimoniale. Il gioco termina, tra le braccia l'uno dell'altra, quando si sono esaurite le piume o quando uno dei due si arrende. Questo metodo molto antico, in fondo permette di scaricare l'aggressività presente nella coppia in un certo momento mediante un gioco nel quale

254

non ci si fa veramente del male e in compenso si ride tanto, mentre le piume uscendo dai cuscini, svolazzano nell'aria per poi dolcemente cadere sui contendenti, come a volerli pacificare.

Le terapie di coppia classiche sono effettuate mediante l'aiuto di terapeuti esperti, capaci di costruire, con entrambi i coniugi, una buona alleanza. Queste terapie dovrebbero essere richieste ogni qualvolta uno o entrambi i partner presentano un malessere che dura nel tempo e che non si riesce a superare in maniera autonoma. Spesso nelle coppie vengono a generarsi delle dinamiche ripetitive disfunzionali che alimentano le incomprensioni, i conflitti e gli scontri in maniera più o meno aperta. Queste dinamiche tendono a ripetersi, in una sorta di circolo vizioso che ripercorre le stesse tappe, gli stessi percorsi ed a volte anche gli stessi problemi. Per tali motivi una persona terza, con competenze specifiche, ha maggiori possibilità di comprendere le dinamiche che sottostanno ai problemi e può offrire alla coppia degli strumenti nuovi e più adeguati per guardare i problemi da una prospettiva diversa, che permetta con più facilità sia di capirli sia di affrontarli e superarli.

Le terapie di coppia sono numerose ed ognuna si propone di raggiungere mediante specifiche tecniche determinati obiettivi. In linea di massima gli obiettivi più comuni presenti nelle varie terapie mirano a:

- Sollevare la sofferenza presente nella coppia.
- Mettere a fuoco le criticità che rendono inefficace la comunicazione e migliorarle al fine di creare un nuovo equilibrio.
- Superare la crisi attuale.

- Recuperare l'intesa.
- Appropriarsi di modalità relazionali più efficaci che promuovano il cambiamento positivo.
- Migliorare il cattivo funzionamento del rapporto, così da viverlo in modo più costruttivo e soddisfacente (Ackerman, 1970, pp. 124 -125).
- Rafforzare la capacità di risolvere insieme i problemi.
- Ridurre il conflitto migliorando il modo di affrontarlo.
- Incoraggiare la complementarietà dei rapporti a livello sessuale, emotivo e sociale (Ackerman, 1970, pp. 124 -125).
- Rafforzare l'immunità contro gli effetti disgreganti della crisi emotiva.
- Promuove lo sviluppo del rapporto e quello di ciascun coniuge, in quanto individuo.
- Rafforzare la capacità di risolvere insieme i problemi.

Le terapie familiari

La terapia familiare è una forma di psicoterapia che ha come unità base il sistema-famiglia e le relazioni all'interno di questo sistema. La terapia dei disturbi emotivi della famiglia era nata soprattutto per offrire un corretto trattamento nei confronti dei pazienti minori e adulti che presentavano delle problematiche psicologiche che traevano la loro origine dall'ambiente familiare. Nel tempo sono nate numerose scuole di terapia familiare. In quella proposta da Ackerman (1970, p. 99) lo scopo del terapeuta è di mobilitare una forma benefica di empatia e comunicazione tra i vari membri del gruppo familiare suscitando ed incrementando tra loro uno scambio emotivo vivificante e costruttivo, ma anche di modificare alcune parti dell'organizzazione familiare in modo da creare nuovi modi di relazionarsi e quindi anche nuovi equilibri. Nello stesso tempo il terapeuta cercherà di spezzare le rigidità all'interno della comunicazione rendendola più flessibile. Quest'approccio terapeutico, quando sono presenti anche dei conflitti coniugali, è molto utile per affrontarli, risolverli o almeno per limitarne i danni, che possono ricadere su ogni membro del gruppo familiare, specie sui suoi membri più giovani.

La terapia inizia con una valutazione psicosociale della famiglia nel suo insieme. Lo specialista, chiarificando al gruppo la realtà familiare di essa e affrontando le disfunzioni relazionali ed esistenziali, lo aiuta ad esaminare queste disfunzioni in maniera serena e obiettiva, suggerendo i modi più opportuni per affrontarle e se possibile superarle. Ciò ottiene dissolvendo le barriere e i mascheramenti difensivi, la confusione e le incomprensioni, mentre nello stesso tempo si attiverà per dare sostegno affettivo, gratificazioni ed emozioni appropriate ad ogni elemento del gruppo. Il terapeuta inoltre, cerca di offrire a tutti i membri della famiglia nuovi modi di relazionarsi: più idonei e utili. Lavora sulle resistenze presenti, stabilendo un rapporto empatico tra i membri della famiglia e tra questi e lui stesso. Con il proprio modo di essere, offre una serie di sani modelli relazionali positivi. Nello stesso tempo sostiene e aiuta i membri della famiglia nel modo migliore per affrontare sia le paure sia i sensi di colpa.

Una delle terapie familiari più moderne e attuali è quella *intergenerazionale (Framo, 1996).*

Questa terapia si fonda sull'idea che le storie individuali sono fortemente intrecciate con quelle delle generazioni precedenti. Pertanto per capire e aiutare il singolo individuo, bisogna necessariamente osservare e capire le generazioni precedenti. Per tale terapia ogni sistema familiare ha una propria identità culturale, che viene trasmessa alle successive generazioni attraverso i miti, i mandati familiari e i copioni che condizionano il suo presente. L'osservazione trigenerazionale cerca di ricostruire la trama intergenerazionale al fine di comprendere i nessi, i comportamenti e i vissuti attuali e i bisogni insoddisfatti del passato.

Anche se le terapie della famiglia possono essere effettuate in vari contesti, il loro luogo d'elezione dovrebbe essere il Consultorio Familiare, poiché in questo servizio la famiglia dovrebbe trovare un aiuto specializzato in un clima di rispetto e profonda empatia.

La consulenza familiare

Diversa dalla terapia della famiglia è la consulenza familiare, che viene effettuata da professionisti opportunamente formati che operano con delle metodologie ben precise seguendo gli orientamenti indicati dalla scuola di Carl Rogers (2000): non direttività, professionalità, globalità, interdisciplinarietà, relazione ricca di fiducia nei confronti delle capacità del cliente ed empatia con questi. Inoltre, utilizzando la non direttività la consulenza familiare riconosce e garantisce durante la terapia l'esclusione di ogni pressione ideologica e psicologica da parte del consulente nei confronti del cliente.

Un'ottima professionalità del consulente è importante per garantire al cliente quelle capacità di aiuto che questi si

aspetta da parte di chi ha cura di lui. La globalità e la pluridi-
sciplinarità permettono al consulente di osservare, accogliere e
aiutare ogni persona che a lui si rivolge, tenendo conto di tutte
le sue caratteristiche: sessuali, emotive, psicologiche, sociali,
morali, relazionali ecc. Poiché la consulenza si pone come aiuto alla persona nella sua globalità, a questa persona sono riconosciute da parte del consulente le capacità di capire i suoi
reali problemi e di compiere liberamente le proprie scelte con
maturità e responsabilità; autodeterminandosi, nel momento in
cui con l'aiuto del consulente ha compreso le sue problematiche più vere e profonde ma anche le possibili soluzioni.

Il rapporto di consulenza può certamente partire dal
problema più urgente che in quel momento assilla il cliente,
ma in seguito si dovrà ampliare a tutta la persona e anche a chi
è a lui vicino.

La mediazione familiare

Un servizio alla coppia che si separa è dato dalla mediazione familiare, che ha lo scopo di aiutare la coppia ad elaborare la separazione e a riorganizzarsi come genitori, per
continuare ad essere dei buoni educatori nei confronti dei figli
(Mazzei, 2002).

Per Di Nuovo, (2008): *"Si ricorre alla mediazione
quando ognuna delle parti non riesce a superare il proprio
punto di vista, non ha fiducia nella buona fede dell'altra, non
sa comunicare e gestire le emozioni in modo adeguato, altera
la relazione fino a farla divenire irrimediabilmente conflittuale"*.

Il mediatore è un professionista con una formazione specifica nella mediazione, negoziazione e gestione dei conflitti, con conoscenze approfondite in diritto, in psicologia e in sociologia, con particolare riguardo ai rapporti familiari e genitoriali. Questo professionista, cercando di essere equidistante e imparziale, ha il compito di facilitare la comunicazione della coppia, affinché i genitori stessi diventino capaci di decidere in maniera equa e funzionale sui tanti problemi che hanno ancora in comune: aspetti economici, gestione ed educazione dei figli, rapporti con gli altri parenti e così via. Gli obiettivi sono concordati e predefiniti già nei primi incontri ed il fine è quello di lenire la sofferenza e il disagio esistenziale della coppia ed aiutarla a trovare degli accordi solidi e costruttivi che tengano conto dei bisogni di ognuno di essi e di quelli dei figli.

Il mediatore familiare, facendosi carico degli aspetti emotivi e relazionali della coppia aiuterà questa a ben comunicare così da superare la rabbia, la delusione e il rancore che spesso sono presenti nei soggetti che si separano o divorziano, in modo tale che, senza litigare, possano recuperare rapidamente il potere decisionale e i valori educativi condivisi. In tal modo la coppia, con l'aiuto del mediatore, ha la possibilità di affrontare di volta in volta le tematiche più Scottanti e difficili che creano in loro ansia, tensione e aggressività, come i problemi economici e le scelte educative e gestionali che si presentano durante la separazione.

Durante la mediazione familiare è inoltre possibile affrontare altri temi come il rapporto con i nonni, la rete parentale, la gestione delle vacanze, del tempo libero e così via. Il tutto dovrà essere effettuato da parte del mediatore familiare senza alcuna forzatura e con la garanzia della più assoluta imparzialità e riservatezza. Questo intervento è delimitato nel tempo: spesso sono sufficienti dieci incontri, ciascuno della durata massima di due ore – due ore e trenta.

Poiché detto servizio si attiva quando i coniugi hanno già deciso di separarsi o si sono separati, non ha come finalità specifica l'obiettivo del ricongiungimento dei due partner. Pertanto, non è una terapia di coppia e non è una terapia della famiglia. Un'eventuale terapia di coppia o familiare può procedere, affiancare o seguire la mediazione.

La mediazione familiare non è una forma di assistenza legale. Quest'ultima rimane di pertinenza degli avvocati i quali, normalmente, interverranno dopo la mediazione, sulle questioni relative alla procedura della separazione o sugli aspetti economico-patrimoniali che la coppia avrà deciso di attuare. La mediazione familiare non è neanche una consulenza tecnica per i giudici. Pertanto, il mediatore non fornirà alcun genere d'informazione ai magistrati, agli avvocati o ad altre persone senza aver ottenuto prima il consenso delle parti interessate.

BIBLIOGRAFIA

Ackerman N.W. (1968), *Psicodinamica della vita familiare,* Torino, Bollati Boringhieri.

Ajuriaguerra J. (1993), *Manuale di psichiatria del bambino,* Milano, Masson.

Ajuriaguerra J., De e Marcelli D. (1986), *Psicopatologia del bambino,* Milano, Masson Italia Editori.

Allen C.T., Swan S.C., Raghavan C. (2009), "Gender Symmetry, Sexism, and Intimate Partner Violence", *Journal of Interpersonal Violence*, Vol. 24, N. 11, pp. 1816 -1834.

Alvarez Deca J. (2009), *La violencia en la pareja: bidireccional y simétrica*, Madrid, Ed. AEMA.

Amato P. R. (2000), "The consequences of divorce for adults and children", *Journal of Marriage and the Family,* 62, pp. 1269-1287.

Amato P. R., Keith B. (1991), "Parental divorce and the well-being of children." *Psychological Bulletin*, 100, p. 26-46.

Ancona L. (2002), "Vita familiare: il contenimento delle paure e le radici di speranza", *Consultori Familiari Oggi,* 3 - 4.

Andolfi M. (2003), *Manuale di psicologia relazionale. La dimensione familiare*, Roma, A.P.F.

Andolfi M. (2003), *La famiglia di origine in terapia*. In Andolfi, M. e Cigoli, V. (a cura di), La famiglia d'origine, Milano, Franco Angeli.

Andolfi M. a cura di, (1988), *La famiglia trigenerazionale*, Roma, Bulzoni.

Andolfi M., Angelo C. (1987), *Tempo e mito nella psicoterapia familiare*, Torino, Bollati.

Andreoli V. (1995), La violenza, Milano, RCS.

Anolli L. (2002), *Psicologia della comunicazione*, Bologna, Il Mulino.

Arieti S. (1970), *Manuale di psichiatria*, Torino, Boringhieri.

Ahrons C. (1981), "The continuing coparental relationship between divorced spouses", *American Journal Orthopsychiatry*, 51, pp. 415 - 528.

Barberi M., (2016), "Conflitti senza violenza", *Mente e cervello*, n. 135, marzo.

Bèque L. (2014), "Dalla crudeltà alla violenza", *Mente e cervello*, n. 113, maggio p, 89.

Badolato G. (1993), *Identità paterna e relazione di coppia. Trasformazione dei ruoli genitoriali.* Milano, Giuffrè.

Barone L., Bacchini D. (2009), *Le emozioni nello sviluppo relazionale e morale,* Milano, Raffaello Cortina Editore.

Bateson G. (1984), *Mente e natura*, Milano, Adelphi.

Berne E. (1971), *Analisi transazionale e psicoterapia*, Roma, Astrolabio.

Binda W. (1999), *Dalla diade coniugale alla triade familiare*, in Scabini E. (a cura di), L'Organizzazione famiglia tra crisi e sviluppo, Milano, Franco Angeli.

Di Maria F., Formica I, (2006), *Psicologia contemporanea,* 197, settembre – ottobre.

Blair C., (2013), "Pericolo stress", *Mente e cervello*, n° 105, settembre.

Blosnich J.R., Bossarte R.M., (2009), "Comparisons of Intimate Partner Violence Among Partners in Same Sex and Opposite Sex Relationships in the United States", *American Journal of Public Health,* Vol. 99, N. 12, pp. 2182 - 2184.

Bodenmann G. (1995a), "The Influence of Stress and Coping on Marital Quality and Stability: A two-year Longitudinal Study", *Scientific Report*, 23, Fribourg, University of Fribourg.

Bollea G., (1985), "L'aggressività nell'età evolutiva", *Federazione medica,* XXXVIII – 3.

Bonanate M. "Le nonne parlano alle donne di oggi", Madre, novembre 2011, p. 47.

Bonino S., (2012), "L'assurdità delle punizioni fisiche: Ti picchio per insegnarti a non picchiare", *Psicologia contemporanea*, gennaio-febbraio.

Booth A., Amato P. R. (2001), "Parental pre-divorce relations and offspring post-divorce wellbeing", *Journal of Marriage and the Family*, 63, pp. 197 - 212.

Boszormenyi-Nagy I, Spark G.M., (1988). *Lealtà invisibili. La reciprocità nella terapia familiare intergenerazionale,* Roma, Astrolabio.

Bowen M., (1979), *Dalla famiglia all'individuo. La differenziazione del sé nel sistema familiare,* Roma, Astrolabio.

Bowlby J. (1972), *Attaccamento e perdita, vol. 1, L'attaccamento alla madre,* Torino, Boringhieri.

Bowlby J. (1975), *Attaccamento e perdita, vol. 2, La separazione dalla madre,* Torino, Boringhieri.

Bowlby J. (1982), *Costruzione e rottura dei legami affettivi,* Milano, Raffaello Cortina Editore.

Buchanan C.M., Heiges K.L. (2001), "When conflict continues after the marriage ends: effects of post-divorce conflict on children", in J. Grych e F. Fincham (Eds.), Interparental conflict and child development: theory, research and application, Cambridge, England, *Cambridge University Press,* pp. 337-362.

Cardinali F., (2003), "Il genogramma. Come rappresentare graficamente una storia di famiglia". In Andolfi M. e Cigoli V. (a cura di), La famiglia d'origine, Milano, Franco Angeli.

Carney M., Buttell F., Dutton D., (2007), "Women who perpetrate intimate partner violence: A review of the literature with recommendations for treatment", *Aggression and Violent Behavior,* Vol. 12, Issue 1, January - February, pp. 108-115.

Chang D.F., Shen BJ., Takeuchi D.T., (2009), "Prevalence and demographic correlates of intimate partner violence in Asian

Americans", *International Journal of Law and Psychiatry,* Vol. 32, Issue 3, pp. 167-175.

Cristiani C. (2002), "Vecchie e nuove dinamiche", *Famiglia oggi*, 11.

Cui M., Conger R. D., Lorenz F. O. (2005), "Predicting change in adolescent adjustment from change in marital problems", *Developmental Psychology*, 5, pp. 812 - 823.

Dacquino G., (1994), *Che cos'è l'amore*, Milano, Mondadori Editore.

Davies P. T., Cummings E. M. (1994), "Marital conflict and child adjustment: an emotional security hypothesis", *Psychological Bulletin*, 16, pp. 387 - 411.

Davies P. T., Lindsay L. L. (2001), *Does gender moderate the effects of marital conflict on children?* in J. H. Grych e F. D. Fincham (Eds.), Interparental conflict and child development: theory, research and application, Cambridge, England, Cambridge University Press, pp. 64-97.

De Ajuriaguerra J. (1993), *Manuale di psichiatria del bambino*, Milano, Masson.

Dennet H. (1977), *Psicologia della donna*, Torino, Boringhieri.

Di Maria F., Formica I, (2006), *Psicologia contemporanea,* 197, settembre – ottobre.

Di Nuovo S. (2008), "Separazione e affido condiviso dei figli", Psicologia contemporanea, 206, marzo – aprile.

Dollard J, (1998), Frustration and aggression, London, Routledge.

Dolto F. (2009), *Quando i genitori si separano*, Milano, Mondadori.

Donati P. (2000), "Ripensare i servizi di Welfare alla luce di un nuovo concetto di Benessere familiare", *Consultori Familiari Oggi, Atti del XII Convegno Nazionale*, Alghero.

Emery R. E. (1982), "Interparental conflict and the children of discord and divorce", *Psychological Bullettin,* 92, pp. 310 - 330.

Emery R. E., Fincham F. D., Cummings E. M. (1992), "Parenting in context: systemic thinking about parental conflict and its influence on children", *Journal of Consulting and Clinical Psychology,* 60, pp. 909 - 912.

Epstein N. B., Bishop D. S., Levin S. (1978), "The McMaster model of family functioning", *Journal of Marriage and Family Counseling*, 4, pp. 19 - 31.

Felson R.B., (2002). "Violence and gender reexamined", *Law and Public Policy: Psychology and the Social Sciences Series*, American Psychological Association, aprile.

Fenichel O. (1951), *Trattato di psicoanalisi*, Roma, Astrolabio.

Ferruccio A. (1990), *Psicologia della coppia e della famiglia,* Roma, Edizioni Mediterranee.

Flynn C.P., (1990), "Relationship violence by women: issues and implications", *Family Relations*, Vol. 39, N. 2, Apr. pp. 194 -198.

Fiebert M.S., Gonzales D.M., (1997), "Women who initiate assaults and their male partners and the reasons offered for such behavior", *Psychological Reports*, 80, pp. 583 - 590.

Fincham F. D. (2003), "Marital conflict: correlates, structure and context", *Current Direction in Psychological Science,* 12, pp. 23 - 27.

Framo J. L. (1996), *Terapia intergenerazionale*, Milano, Raffaello Cortina.

Framo J. L. (2012), "La famiglia d'origine come risorsa terapeutica", *Terapia Familiare*, Vol.100, pp. 41-67.

Francescato D., Ercolani A. P. (1994), "Funzionamento psicologico dei figli di famiglie unite e separate", *Età Evolutiva*, 47, pp. 5 -13.

Galimberti U. (2006), *Dizionario di psicologia*, Roma, Gruppo editoriale L'Espresso.

Galli Della Loggia E., (2011), "Se la televisione si sostituisce alla élite. Come cambia l'antropologia italiana", *Corriere della sera*, 20 febbraio.

Gillini G., Zattoni M. (1994), *Ben-essere in famiglia*, Brescia, Editrice Gueriniana.

Giordano P.C., Millhollin T.J., Cernkovich S.A., Pugh M.D., Rudolph J.L., (1999), "Delinquency, identity, and women's involvement in relationship violence", *Criminology,* Vol. 37(1), February, pp.17-40.

Gordis E. B., Margolin G., John R. S. (1997), "Marital aggression, observed parental hostility, and child behaviour during triadic family interaction", *Journal of Family Psychology,* 11 (1), pp. 76-89.

Greenspa S., Lieff Benderly B. (1988), *L'intelligenza del cuore*, Milano, Mondadori.

Greenspan S.I. (1999), *Psicoterapia e sviluppo psicologico*, Bologna, Il Mulino.

Guèguen N. (2009), "Aritmetica della coppia", Mente e cervello, n° 53, maggio, p. 98.

Gurman A. S., Kniskern D.P., (1995), *Manuale di terapia della famiglia*, Torino, Bollati Boringhieri.

Hacker F., (1971), *Aggressività e violenza nel mondo moderno*, Edizioni il Formichiere, Milano.

Harding E. (1951), *La strada della donna,* Roma, Astrolabio.

Hines D.A., Malley Morrison K., (2001), "Psychological effects of partner abuse against men: a neglected research area", *Psychology of Men and Masculinity,* Vol. 2, N. 2, July, pp. 75-85.

Hofmann A. (2015), "Ti perdono oppure no?" "*Mente e Cervello*, n. 131, novembre, p. 99.

Iafrate R. (1996), "Comunicazione, soddisfazione e influenza parentale in famiglie intatte e separate con figli adolescenti", *Archivio di Psicologia, Neurologia e Psichiatria*, 23, pp. 175-193.

Jacobson E. (1977), "Problem solving and Contingency Contracting in the Treatment of Marital Discord", *Journal of Consulting and Clinical Psychology*, 45, pp. 92-100.

Karney B. R., Bradbury T. N. (1995), "The Longitudinal Course of Marital Quality and Stability: A Review of Theory, Method and Research", *Psychological Bulletin*, 118, pp.3-34.

Kerig P. K. (1995), "Triangles in the family circle: effects of family structure on marriage, parenting and child adjustment", *Journal of Family Psychology,* 9 (1), pp. 28-43.

Kerig P. K. (1998), "Moderators and mediators of the effects of interparental conflict on children's adjustment", *Journal of Abnormal Child Psychology*, 26 (3), pp. 199-212.

Kitzmann K. M. (2000), "Effects of marital conflict on subsequent triadic family interactions and parenting", *Developmental Psychology,* 36, pp. 3-13.

LeJeune C., Follette V. (1994), "Taking responsibility. Sex differences in reporting dating violence", *Journal of Interpersonal Violence*, Vol. 9, N. 1, March, pp. 133-140.

Le Van C., Le Gall D. (2011), "I volti dell'infedeltà coniugale*", Psicologia contemporanea*, settembre - ottobre p. 30.

Lidz T. (1977), *Famiglia e problemi di adattamento,* Torino, Boringhieri

Lombardo, P. (1997), *Educare ai valori*, Verona, Edizioni Vita Nuova.

Lorenz K. (1997),Vorrei diventare un'oca. L'autobiografia e la conferenza del Nobel, (a cura di) Elena ed Enrico Alleva, Padova, Franco Muzzio Editore.

Lorettu L. et al., (2004), "Molestatore segugio assillante", *Quaderni italiani di psichiatria*, XXIII, 62- 68.

Losacco V. L. (2010), "Crisi di coppia, origine e conseguenze", *Previdenza,* 9, p. 34.

Luban Plozza B., Ritschl D. (1991), *Dinamica dei conflitti familia*ri, Roma, Armando Editore.

Macchietto J., (1992), "Aspects of male victimization and female aggression: implications for counseling men", *Journal of Mental Health Counseling,* Vol. 14, N. 3, July, pp. 375-392.

Maccoby E. E., Buchanan C. M., Mnookin R. H., Dornbusch S. M. (1993), Postdivorce roles of mothers and fathers in the lives of their children in "Journal of Family Psychology", 7, pp. 24-38.

Macrì P. G. et al., (2012), "Indagine conoscitiva sulla violenza verso il maschile", *Rivista di Criminologia, Vittimologia e Sicurezza,* Vol. VI – N. 3 – Settembre-Dicembre 32, p. 30.

Magna P. (2004) "Alla ricerca di un rapporto riconciliato uomo – donna e marito e moglie" *Tredimensioni,* 1, 59-76

Malagoli Togliatti M., Telfener U. (1991), *Dall'individuo al sistema. Manuale di psicopatologia relazionale*, Torino, Bollati Boringhieri.

Martinez J., Cortes E. (1998), CLa complessa relazione tra famiglia e cultura", *La Famiglia*, anno 32, marzo-aprile.

Mazzei, D. (2002), *La mediazione familiare*, Milano, Raffaello Cortina Editore,

Mereloo J.A.M., (1968), « La violence humaine opposée à l'agressivité animale », *Med et Hyg.,* 821, 457- 462.

McLeod M., (1984), "Women against man: An examination of domestic violence based on an analysis of official data and national victimization data", *Justice Quarterly*, Vol. 1(2), pp. 171-193.

McNeely R.L., Cook P.W., Torres J.B., (2001), "Is domestic violence a gender issue or a human issue?" *Journal of Human Behavior in the Social Environment*, Vol. 4, pp. 227-251.

McNelly R.L., RobinsonSimpson G., (1987), "The truth about domestic violence: a falsely framed issue", *Social Work,* Vol. 32, N. 6, Nov. Dec. pp. 485-490.

Meazzini P. (2006), *L'ira di Achille, come dominare la collera, quando è necessario,* Milano, Giunti.

Meltzer D., Harris M. (1983), *Il ruolo educativo della famiglia*, Torino, Centro Scientifico.

Miller J. G. (1978), *La storia generale dei sistemi viventi,* Milano, Franco Angeli.

Minuchin S., (1976), *Famiglie e terapia della famiglia*, Roma, Astrolabio Ubaldini.

Morandi F. (1994), "L'identità del femminile: per una nuova storia della donna", *La famiglia*, anno XXVIII, maggio – giugno, p.23.

Moruzzi G. (1975), *Fisiologia della vita di relazione*, Torino, UTET.

Mullet E. (2015), "La vendetta" *Mente e Cervello*, n. 126, giugno.

Nicholls T.L., Dutton D.G., (2001), "Abuse committed by women against male intimates", *Journal of Couples Therapy*, Vol. 10, N. 1, pp. 41-57.

Nicholls, T.L., e Hamel, J., (2007), *Family interventions in domestic violence: a handbook of gender-inclusive theory and treatment*, New York, Springer Pub.

Paradis A. D., et al., (2009), "Long-term impact of family arguments and physical violence on adult functioning at age 30 years: Findings from the Simmons longitudinal study", *Journal of the American Academy of Child and Adolescent Psychiatry*, 48 (3), 290-298.

Pasini W. (1993), *Volersi bene, volersi male*, Milano, Arnaldo Mondatori Editore.

Perretti M., (1977), "L'unità della famiglia", *La Famiglia*, maggio – giugno.

Picozzi M., (2012), "Mente e Cervello", n. 90, giugno, p. 29.

Pirrone, C., (2014), "Come dire: Ti prometto di essere fedele sempre", *Famiglia oggi*, n. 3, p. 54-55.

Ridley C.A., Feldman C.M., (2003), "Female domestic violence forward male partners: Exploring conflict responses and outcomes", *Journal of Family Violence*, Vol. 18, N. 3, pp. 157-170.

Roberto R., (2016), "La violenza intrafamiliare", *Il consulente familiare*, aprile – giugno.

Romano M. C., Sabbadini L. (2005), "I tempi della vita quotidiana", *Famiglia oggi*, 8-9.

Rosenfeld R., (1997), "Changing relationships between man and women. A note on the decline in intimate partner violence", *Homicide Studies*, Vol. 1, N. 1, February, pp. 72-83.

Rossi M. (1988), *Miti e cultura familiare.* In Andolfi M., (a cura di), La famiglia trigenerazionale, Roma, Bulzoni.

Roxane, R., *et al.*, (2011), "Disparity and Disasters: A Frontline View of Gender-Based Inequities in Emergency Aid and Health Care", *Anthropology at the Front Lines of Gender-Based Violence*, Vanderbilt University Press.

Sarchielli, G., (2010), "Diventare super woman- Una trappola sociale", *Psicologia contemporanea*, settembre-ottobre.

Scaparro F., Bernardini I., (1987), "Come ridurre i traumi della separazione", *Famiglia Oggi*, settembre – ottobre, anno X, n.29.

Sigler, R.T. (1989), *Domestic violence in context: an assessment of community attitudes*, Lexington, Mass.: Lexington Books.

Slade A. (2010), *Relazione genitoriale e funzione riflessiva,* Roma, Astrolabio.

Slepoj V. (2005), *Le ferite degli uomin*i, Milano, Arnaldo Mondadori Editore.

Smelser

Spiegel R. (1970), *La comunicazione nei disturbi psichiatrici,* in Arieti S., Manuale di psichiatria, Torino, Boringhieri.

Spock B., (1969), *Il dottor Spock parla agli adulti,* Milano, Longanesi e C.

Stefani J. (2006), "Donne al timone", *Psicologia contemporanea,* 195.

Straus, M. A. (2005), "Women's violence toward men is a serious social problem", *Current controversies on family violence,* Newbury Park, Sage Publications.

Sullivan H.S. (1962), *Teoria interpersonale della psichiatria,* Milano, Feltrinelli Editore.

Tangs C.S., (1999), "Marital power and aggression in a community sample of Hong Kong Chinese families", *Journal of Interpersonal Violence,* Vol. 14, N. 6, June, pp. 5-86

Moriconi M. (2011), "Il lato genetico dell'aggressività", Mente e cervello, n. 74, febbraio.

Tribulato E. (2005), *L'educazione negata,* Messina, EDAS.

Volpi R. (2007), *La fine della famiglia,* Mondatori, Milano.

Von Bertalanffy L. (1971). *Teoria generale dei sistemi. Fondamenti, sviluppo, applicazioni.* Milano, ILI.

Watzlawick P., Beavin J.D., Jackson D. D. (1971), *Pragmatica della comunicazione umana. Studio dei modelli interattivi, delle patologie e dei paradossi,* Roma, Astrolabio.

Wolff S. (1970), *Paure e conflitti nell'infanzia,* Roma, Armando Armando Editore.

RINGRAZIAMENTI

I miei più sentiti ringraziamenti vanno ad Dott. Giacomo Longo che con grande perizia e disponibilità ha accettato di rivedere queste pagine, fornendoci molti preziosi consigli e suggerimenti al fine di ottenere una migliore chiarezza e leggibilità del testo.